元史

明宋濂等撰

第九册

卷一〇〇至卷一一三（志表）

中華書局

元史卷一百

志第四十八

兵三

馬政

西北馬多天下，秦、漢而下，載籍蓋可考已。元起朔方，俗善騎射，因以弓馬之利取天下，古或未之有，蓋其沙漠萬里，牧養蕃息，太僕之馬，殆不可以數計，亦一代之盛哉。世祖中統四年，設羣牧所，隸太府監。尋陞尚牧監，又陞太僕院，改衞尉院。院廢，立太僕寺，屬之宣徽院。後隸中書省，典掌御位下、大斡耳朶馬。其牧地，東越耽羅，北踰火里禿麻，西至甘肅，南曁雲南等地，凡一十四處，自上都、大都以至玉你伯牙、折連怯呆兒，周迴萬里，無非牧地。

馬之羣，或千百，或三五十，左股烙以官印，號大印子馬。其印，有兵古、貶古、闊卜川、月思古、斡欒等名。牧人曰哈赤、哈剌赤；有千戶、百戶，父子相承任事。自夏及冬，隨地之宜，行逐水草，十月各至本地。朝廷歲以九月、十月遣寺官馳驛閱視，較其多寡，有所產駒，卽烙印取勘，收除見在數目，造蒙古、回回、漢字文册以聞，其總數蓋不可知也。凡病死者三，則令牧人償大牝馬一，二則償二歲馬一，一則償牝羊一，其無馬者以羊、駝、牛折納。

太廟祀事暨諸寺影堂用乳酪，則供牝馬；駕仗及宮人出入，則供尙乘馬。車駕行幸上都，太僕卿以下皆從，先驅馬出健德門外，取其肥可取乳者以行，汰其羸瘦不堪者還於羣。自天子以及諸王百官，各以脫羅氈置撒帳，爲取乳室。車駕還京師，太僕卿先期遣使徵馬五十醖都來京師。醖都者，承乳車之名也。旣至，俾哈赤、哈剌赤之在朝爲卿大夫者，親秣飼之，日釀黑馬乳以奉玉食，謂之細乳。每醖都，牝馬四十。每牝馬一，官給芻一束、菽八升。駒一，給芻一束、菽五升。菽貴，則其半以小稻充。自諸王百官而下，亦有馬乳之供，醖都如前之數，而馬減四之一，謂之粗乳。芻粟要旬取給於度支，寺官亦以旬詣閑廐閱肥瘠。又自世祖而下山陵，各有醖都，取馬乳以供祀事，號金陵擠馬，越五年，盡以與守山陵使者。

凡御位下、正宮位下、隨朝諸色目人員，甘肅、土番、耽羅、雲南、占城、蘆州、河西、亦奚卜薛、和林、斡難、怯魯連、阿剌忽馬乞、哈剌木連、亦乞里思、亦思渾察、成海、阿察脫不罕、折連怯呆兒等處草地，內及江南、腹裏諸處，應有係官孳生馬、牛、駝、騾、羊點數之處，一十四道牧地，各千戶、百戶等名目如左：

東路折連怯呆兒等處，玉你伯牙、上都周圍，哈剌木連等處，阿剌忽馬乞等處，斡斤川等處，阿察脫不罕，甘州等處，左手永平等處，右手固安州等處，雲南亦奚卜薛，蘆州，益都，火里禿麻，高麗耽羅國。

一，折連怯呆兒等處御位下：　折連怯呆兒地哈剌赤千戶買買、買的、撒台、怯兒八思、闊闊來、塔失鐵木兒、哈剌那海、伯要䚟、也兒的思、撒的迷失、教化、太鐵木兒、塔都、也先、木薛肥、不思塔八、不兒都、麻失不顏台、撒敦。　按赤、忽里哈赤千戶下百戶脫脫木兒。兀魯兀內土阿八剌哈赤闊闊出。　徹徹地撒剌八。　薛裏溫你里溫斡脫忽赤哈剌鐵木兒。哈思罕地僧家奴。　玉你伯牙斷頭山百戶哈只。

一，玉你伯牙等處御位下：　玉你伯牙地哈剌赤百戶忽兒禿哈、兀都蠻、燕鐵木兒、暗出忽兒、也先禿滿、玉龍鐵木兒、月思哥、明里不蘭。

大斡耳朵位下：　乞剌里郭羅赤馬某等。　哈里牙兒苟赤別鐵木兒。　伯只剌苟赤阿藍答兒。　阿察兒伯顏苟赤教化的等。　塔魯內亦兒哥赤、塔里牙赤等。　伯只剌阿塔赤忽兒禿哈。　桃山太師月赤察兒分出鐵木兒等。　伯顏只魯(于)〔干〕阿塔赤禿忽魯等。〔一〕玉你伯牙奴禿赤、火你赤。

一、（塔）〔哈〕剌木連等處御位下：〔二〕阿失溫忽都地八都兒。希徹禿地吉兒解。哈察木敦。火石腦兒哈塔、咬羅海牙、撒的。換撒里眞按赤哈答。須知忽都哈剌赤別乞。軍腦兒哈剌赤火羅思。玉龍粘徹。雲內州拙里牙赤昌罕。察罕腦兒欠昔思。棠樹兒安魯罕。石頭山禿忽魯。牙不罕你里溫脫脫木兒。開（城）〔成〕路黑水河不花。〔三〕

大斡耳朵位下：完者。

一、阿剌忽馬（兒）〔乞〕等處御位下：〔四〕阿剌忽馬乞地哈剌赤百戶按不憐、乾鐵哥、火石鐵木兒、末赤、卯罕、不蘭奚、孛羅罕。怯魯連地哈剌赤千戶牀八失，百戶怯兒的、小薛干、別鐵列不作、孛羅、串都、也速、典列、坦的里、也里迷失、忙兀解。斡難地蘭盞兒、未者、哈只不花等。

大斡耳朵位下：阿剌忽馬乞按灰等。闊苦地闊赤斤等。

一、斡斤川等處御位下：斡斤川地哈剌赤千戶月魯、阿剌鐵木兒、塔塔塔察兒。拙里牙赤斡羅孫，馬塔哈兒哈地哈剌赤千戶當失、燕忽里、歡差太難。闊闊地兀奴忽赤忙兀解。怯魯連八剌哈赤八兒麻思。

大斡耳朵位下：馬塔哈兒哈怯連口只兒哈忽。

一，阿察脱不罕等處御位下：阿察脱不罕地哈赤守納。斡川札馬昔寶赤忙哥撒兒。火羅罕按赤禿忽赤。成海後火義罕塔兒罕、按赤也先。黄兀兒不剌按赤末兒哥、忽林失。應里哥地按赤哈丹、忽台迷失。應吉列古哈剌赤不魯。赤兒渾察西哈剌赤。答蘭速魯哈剌赤八只吉兒。哈兒哈孫不剌哈剌赤阿兒禿。

大斡耳朶位下：怯魯連火你赤塔剌海。

一，甘州等處御位下：口千子哈剌不花一所。奥魯赤一所。阿剌沙阿蘭山兀都蠻。亦不剌金一所。寬徹干。塔塔安地普安。勝回地劉子總管。闊闊思地太鐵木兒等。甘州等處楊住普。撥可連地撒兒吉思。只哈禿屯田地安童一所。哈剌班忽都拙(思)〔里〕牙赤耳眉。〔三〕

一，左手永平等處御位下：永平地哈剌赤千戶六十。樂亭地拙里牙赤、阿都赤、答剌赤迷里迷失，亦兒哥赤馬某撒兒答。香河按赤定住、亦馬赤速哥鐵木兒。河西務愛牙赤孛羅䚟。灤州哈剌赤脱忽察。桃花島青昔寶赤赤班等。

大斡耳朶位下：河西務玉提赤百戶馬札兒。

一，右手固安州四怯薛八剌哈赤平章那懷爲長：固安州哈剌赤脱忽察，哈赤忽里哈赤、按赤不都兒。眞定昔寶赤脱脱。左衛哈剌赤塔不䚟。青州哈剌赤阿哈不花。涿州哈剌赤不魯哈思。
一，雲南亦奚卜薛鐵木兒不花為長。
一，蘆州。
一，益都哈剌赤忽都鐵木兒。
一，火里禿麻太勝忽兒為長。
一，高麗耽羅。

屯田

古者寓兵於農，漢、魏而下，始置屯田為守邊之計。有國者善用其法，則亦養兵息民之要道也。國初，用兵征討，遇堅城大敵，則必屯田以守之。海內既一，於是內而各衛，外而行省，皆立屯田，以資軍餉。或因古之制，或以地之宜，其為慮蓋甚詳密矣。大抵(勺)〔芍〕陂、〔六〕洪澤、甘、肅、瓜、沙，因昔人之制，其地利蓋不減於舊；和林、陝西、四川等地，則因地之宜而肇為之，亦未嘗遺其利焉。至於雲南八番，海南、海北，雖非屯田之所，而以為蠻夷腹心之地，則又因制兵屯旅以控扼之。由是而天下無不可屯之兵，無不可耕之地矣。今故著其建置增損之概，而內外所轄軍民屯田，各以次列焉。

樞密院所轄

左衞屯田：世祖中統三年三月，調樞密院二千人，於東安州南、永清縣東荒土，及本衞元占牧地，立屯開耕，分置左右手屯田千戶所，爲軍二千名，爲田一千三百一十頃六十五畝。

右衞屯田：世祖中統三年三月，調本衞軍二千人，於永清、益津等處立屯開耕，分置左右手屯田千戶所。其屯軍田畝之數，與左衞同。

中衞屯田：世祖至元四年，於武清、香河等縣置立。十一年，以各屯地界，相去百餘里，往來耕作不便，遷於河西務、荒莊、楊家口、青臺、楊家白等處。其屯軍之數，與左衞同，爲田一千三十七頃八十二畝。

前衞屯田：世祖至元十五年九月，以各省軍入備侍衞者，於霸州、保定、涿州荒閑地土屯種，分置左右手屯田千戶所。屯軍與左衞同，爲田一千頃。

後衞屯田：置立歲月，與前衞同。後以永清等處田畝低下，遷昌平縣之太平莊。泰定三年五月，以太平莊乃世祖經行之地，營盤所在，春秋往來，牧放衞士頭匹，不宜與漢軍立屯，遂罷之，止於舊立屯所，耕作如故。屯軍與左衞同，爲田一千四百二十八頃一十四畝。

武衞屯田：世祖至元十八年，發迤南軍人三千名，於涿州、霸州、保定、定興等處置立屯田，分設廣備、萬益等六屯，別立農政院以領之。二十二年，罷農政院爲司農寺，自後與民相參屯種。二十五年，別立屯田萬戶府，分管屯種軍人。二十六年，以屯軍屬武衞親軍都指揮使司，兼領屯田事。仁宗皇慶元年，改屬衞率府，後復歸之武衞。英宗至治元年，命以廣備、利民二千戶軍人所耕地土，與左衞率府忙古䚟屯田千戶所互相更易。屯軍三千名，爲田一千八百四頃四十五畝。

左翼屯田萬戶府：世祖至元二十六年二月，罷蒙古侍衞軍從人之屯田者，別以斡端、別十八里回還漢軍，及大名、衞輝兩翼新附軍，與前、後二衞迤東還戍士卒合併屯田，設左、右翼屯田萬戶府以領之。遂於大都路霸州及河間等處立屯開耕，置漢軍左右手二千戶、新附軍六千戶所，爲軍二千五十一名，爲田一千三百九十九頃五十二畝。

右翼屯田萬戶府：其置立歲月，與左翼同。成宗大德元年十一月，發眞定軍人三百名，於武清縣崔黃口增置屯田。仁宗延祐五年四月，立衞率府，以本府屯田併屬詹事院，後復歸之樞密，分置漢軍千戶所三，別置新附軍千戶所一，爲軍一千五百四十人，爲田六百九十九頃五十畝。

忠翊侍衞屯田：世祖至元二十九年十一月，命各萬戶府，摘大同、隆興、太原、平陽等處軍人四千名，於燕只哥赤斤地面及紅城周迴，置立屯田，開耕荒田二千頃，仍命西京宣慰司領其事，後改立大同等處屯儲萬戶府以領之。成宗大德十一年，改侍衞親軍都指揮使司，仍領屯田。武宗至大四年，以黃華（領）〔嶺〕新附屯田軍一千人，〔七〕併歸本衞，別立屯署。是年，改大同侍衞爲中都威衞，〔八〕屬之徽政院，分屯軍二千置弩軍翼，止以二千人分置左右手屯田千戶所，黃華（領）〔嶺〕新附軍屯如故。仁宗延祐二年，遷紅城屯軍於古北口、太平莊屯種。五年，復簽中都威衞軍八百人，於左都威衞所轄地內，別立屯署。七年十二月，罷左都威衞及太平莊、白草營等處屯田，復於紅城周迴立屯，仍屬中都威衞。英宗至治元年，始改爲忠翊侍衞，屯田如故，爲田二千頃。後移置屯所，不知其數。

左、右欽察衞屯田：世祖至元二十四年，發本衞軍一千五百一十二名，分置左右手屯田千戶所，及欽察屯田千戶所，於清州等處屯田。英宗至治二年，始分左、右欽察衞，以左右手屯田千戶所分屬之。文宗天曆二年，創立龍翊侍衞，復以隸焉。爲軍左手千戶所七百五名，右手千戶所四百三十七名，欽察千戶所八百名。爲田左手千戶所一百三十七頃五十畝，右手千戶所二百一十八頃五十畝，欽察千戶所三百頃。

左衞率府屯田：武宗至大元年六月，命於大都路漷州武清縣及保定路新城縣置立屯田。英宗至治元年，以武衞與左衞率府屯田地界，相離隔絕，不便耕作，命以兩衞屯地互更易之，分置三翼屯田千戶所，爲軍三千人，爲田一千五百頃。

宗仁衞屯田：英宗至治二年八月，發五衞漢軍二千人，於大寧等處創立屯田，分置兩翼屯田千戶所，爲田二千頃。

宣忠扈衞屯田：文宗至順元年十二月，命收聚訖一萬斡羅斯，給地一百頃，立宣忠扈衞親軍萬戶府屯田，依宗仁衞例。

大〔司〕農司所轄〔九〕

永平屯田總管府：世祖至元二十四年八月，以北京採取材木百姓三千餘戶，於灤州立屯，設官署以領其事，爲戶三千二百九十，爲田一萬一千六百一十四頃四十九畝。

營田提舉司：不詳其建置之始，其設立處所在大都漷州之武淸縣，爲戶軍二百五十三，民一千二百三十五，析居放良四百八十，不蘭奚二百三十二，火者一百七十口，獨居不蘭奚一十二口，黑瓦木丁八十二名，爲田三千五百二頃九十三畝。

廣濟署屯田：世祖至元二十二年正月，以崔黃口空城屯田，歲澇不收，遷於淸、滄等處。後大司農寺以尚珍署舊領屯夫二百三十戶歸之，旣又遷濟南、河間五百五十戶，平灤、眞定、保定三路屯夫四百五十戶，併入本屯，爲戶共一千二百三十，爲田一萬二千六百頃三十八畝。

宣徽院所轄

淮東淮西屯田打捕總管府：世祖至元十六年，募民開耕(連)〔漣〕、海州荒地，〔一〇〕官給禾種，自備牛具，所得子粒官得十之四，民得十之六，仍免屯戶徭役，屢欲中廢不果。二十七年，所轄提舉司一十九處，併爲十二。其後再併，止設八處，爲戶一萬一千七百四十三，爲田一萬五千一百九十三頃三十九畝。

豐閏署：世祖至元二十二年，創立於大都路薊州之豐閏縣，爲戶八百三十七，爲田三百四十九頃。

寶坻屯：世祖至元十六年，簽大都屬邑編民三百戶，立屯於大都之寶坻縣，爲田四百五十頃。

尚珍署：世祖至元二十三年，置立於濟寧路之兗州，爲戶四百五十六，爲田九千七百一十九頃七十二畝。

腹裏所轄軍民屯田

大同等處屯儲總管屯田：成宗大德四年，以西京黄華嶺等處田土頗廣，發軍民九千餘人，立屯開耕。六年，始設屯儲軍民總管萬戶府。十一年，放罷漢軍還紅城屯所，止存民夫在屯。仁宗時，改萬戶府爲總管府，爲戶軍四千二十，民五千九百四十五，爲田五千頃。

虎賁親軍都指揮使司屯田：世祖至元十七年十二月，月兒魯官人言：「近於滅捏怯土、赤納赤、高州、忽蘭若班等處，改置驛傳，臣等議，可於舊置驛所設立屯田。」從之。二十八年，發虎賁親軍二千人入屯。二十九年，增軍一千，凡立三十四屯，於上都置司，爲軍三千人，佃戶七十九，爲田四千二百二頃七十九畝。

嶺北行省屯田

世祖至元二十一年，併和林阿剌觧元領軍一千人入五條河。成宗元貞元年，摘六衞漢軍一千名，赴稱海屯田。大德三年，以五條河漢軍悉併入稱海。仁宗延祐三年，罷稱海屯田，復立屯於五條河。六年，分揀蒙古軍五千人，復屯田稱海。七年，命依世祖舊制，稱海、五條河俱設屯田，發軍一千人於五條河立屯。英宗時，立屯田萬戶府，爲戶四千六百四十八，爲田六千四百餘頃。

遼陽等處行中書省所轄屯田

大寧路海陽等處打捕屯田所：世祖至元二十三年，以大寧、遼陽、平灤諸路拘刷漏籍、放良、孛蘭奚人戶，及僧道之還俗者，立屯於瑞州之西瀕海荒地開耕，設打捕屯田總管府。成宗大德四年，罷之，止立打捕屯田所，爲戶元撥并召募共一百二十二，爲田二百三十頃五十畝。

浦峪路屯田萬戶府：世祖至元二十九年十月，以蠻軍三百戶、女直一百九十戶，於咸平府屯種。三十年，命本府萬戶和魯古䚟領其事，仍於茶剌罕、剌憐等處立屯。三十一年，罷萬戶府屯田。仁宗大德二年，撥蠻軍三百戶屬肇州蒙古萬戶府，止存女直一百九十戶，依舊立屯，爲田四百頃。

金復州萬戶府屯田：世祖至元二十一年五月，發新附軍一千二百八十一戶，於忻都察置立屯田。二十六年，分京師應役新附軍一千人，屯田哈思罕關東荒地。三十年，以玉龍帖木兒、塔失海牙兩萬戶新附軍一千三百六十戶，併入金復州，立屯耕作，爲戶三千六百四十一，爲田二千五百二十三頃。

肇州蒙古屯田萬戶府：成宗元貞元年七月，以乃顏不魯古赤及打魚水達達、女直等戶，於肇州旁近地開耕，爲戶不魯古赤二百二十戶，水達達八十戶，歸附軍三百戶，續增漸丁五十二戶。〔一〕

河南行省所轄軍民屯田

南陽府民屯：世祖至元二年正月，詔孟州之東，黃河之北，南至八柳樹、枯河、徐州等處，凡荒閑地土，可令阿朮、阿剌罕等所領士卒，立屯耕種，幷摘各萬戶所管漢軍屯田。六年，以攻襄樊軍餉不足，發南京、河南、歸德諸路編民二萬餘戶，於唐、鄧、申、裕等處立屯。八年，散還元屯戶，別簽南陽諸色戶計，立營田使司領之，尋罷，改立南陽屯田總管府。後復罷，止隸有司，爲戶六千四十一，爲田一萬六百六十二頃七畝。

洪澤萬戶府屯田：世祖至元二十三年，立洪澤南北三屯，設萬戶府以統之。先是，江淮行省言：「國家經費，糧儲爲急，今屯田之利，無過兩淮、況(勺)〔芍〕陂、洪澤皆漢、唐舊嘗立屯之地，若令江淮新附漢軍屯田，可歲得糧百五十餘萬石。」至是從之。三十一年，罷三屯萬戶，止立洪澤屯田萬戶府以統之。其置立處所，在淮安路之白水塘、黃家疃等處，爲戶一萬五千九百九十四名，爲田三萬五千三百一十二頃二十一畝。

芍陂屯田萬戶府：世祖至元二十一年二月，江淮行省言：「安豐之芍陂，可溉田萬餘頃，乞置三萬人立屯。」中書省議：「發軍士二千人，姑試行之。」後屯戶至一萬四千八百八名。

德安等處軍民屯田總管府：世祖至元十八年，以各翼取到漢軍，及各路拘收手號新附軍，分置十屯，立屯田萬戶府。三十一年，改立總管府，爲民九千三百七十五名，軍五千九百六十五名，爲田八千八百七十九頃九十六畝。

陝西等處行中書省所轄軍民屯田

陝西屯田總管府：世祖至元十一年正月，以安西王府所管編民二千戶，立櫟（楊）〔陽〕、〔三〕涇陽、終南、渭南屯田。十八年，立屯田所。十九年，以軍站屯戶拘收爲怯憐口戶計，放還而無所歸者，籍爲屯戶，立安西、平涼屯田，設提領所以領之。二十九年，立鳳翔、鎭原、彭原屯田，放罷至元十年所簽接應成都、延安軍人，置立民屯，設立屯田所，尋改爲軍屯，令千戶所管領。三十年，復更爲民屯，爲戶鳳翔一千一百二十七戶；鎭原九百一十三戶；櫟（楊）〔陽〕七百八十六戶，後存六百五十戶；涇陽六百九十六戶，後存六百五十八戶；彭原一千二百三十八戶；安西七百二十四戶，後存二百六十二戶；平涼二百八十八戶；終南七百七十一戶，後存七百一十三戶；渭南八百一十一戶，後存七百六十六戶。爲田鳳翔九十頃一十二畝，鎭原四百二十六頃八十五畝，櫟陽一千二十頃九十九畝，涇陽一千二十頃九十九畝，彭原五百四十五頃六十八畝，安西四百六十七頃七十八畝，平涼一百一十五頃二十畝，終南九百四十三頃七十六畝，渭南一千二百二十二頃三十一畝。

陝西等處萬戶府屯田：世祖至元十九年二月，以盩厔南係官荒地，發歸附軍，立孝子林、張馬村軍屯。二十年，以南山把口子巡哨軍人八百戶，於盩厔縣之杏園莊、寧州之大昌原屯田。二十一年，發文州鎭戍新附軍九百人，立亞柏鎭軍屯，復以燕京戍守新附軍四百六十三戶，於德順州之威戎立屯開耕。爲戶孝子林屯三百一戶，張馬村屯三百一十三戶，杏園莊屯二百三十三戶，大昌原屯四百七十四戶，亞柏鎭屯九百戶，威戎屯四百六十三戶。爲田孝子林二十三頃八十畝，張馬村七十三頃八十畝，杏園莊一百一十八頃三十畝，大昌原一百五十八頃七十九畝，亞柏鎭二百六十八頃五十九畝，威戎一百六十四頃八十畝。

貴赤延安總管府屯：世祖至元十九年，以拘收贖身、放良、不蘭奚及漏籍戶計，於延安路探馬赤草地屯田，爲戶二千二十七，爲田四百八十六頃。

甘肅等處行中書省所轄軍民屯田

寧夏等處新附軍萬戶府屯田：世祖至元十九年三月，發迤南新附軍一千三百八十二戶，往寧夏等處屯田。二十一年，遣塔塔裏千戶所管軍人九百五十八戶屯田，爲田一千四百九十八頃三十三畝。

管軍萬戶府屯田：世祖至元十八年正月，命肅州、沙州、瓜州置立屯田。先是，遣都元帥劉恩往肅州諸郡，視地之所宜，恩還言宜立屯田，遂從之。發軍於甘州黑山子、滿峪、泉水渠、鴨子翅等處立屯，爲戶二千二百九十，爲田一千一百六十六頃六十四畝。

寧夏營田司屯田：世祖至元八年正月，簽發已未年隨州、鄂州投降人民一千一百七戶，往中興居住。十一年，編爲屯田戶，凡二千四百丁。二十三年，續簽漸丁，得三百人，爲田一千八百頃。

寧夏路放良官屯田：世祖至元十一年，從安撫司請，以招收放良人民九百四戶，編聚屯田，爲田四百四十六頃五十畝。

亦集乃屯田：世祖至元十六年，調歸附軍人於甘州，十八年，以充屯田軍。二十二年，遷甘州新附軍二百人，往屯亦集乃合卽渠開種，爲田九十一頃五十畝。

江西等處行中書省所轄屯田

贛州路南安寨兵萬戶府屯田：成宗大德二年正月，以贛州路所轄信豐、會昌、龍南、安遠等處，賊人出沒，發寨兵及宋舊役弓手，與抄數漏籍人戶，立屯耕守，以鎮遏之，爲戶三千二百六十五，爲田五百二十四頃六十八畝。

江浙等處行中書省所轄屯田

汀、漳屯田：世祖至元十八年，以福建調軍糧儲費用，依腹裏例，置立屯田，命管軍總管鄭楚等，發鎮守士卒年老不堪備征戰者，得百有十四人，又募南安等縣居民一千八百二十五戶，立屯耕作。成宗元貞三年，命於南詔、黎、畲各立屯田，摘撥見戍軍人，每屯置一千五百名，及將所招陳弔眼等餘黨入屯，與軍人相參耕種。爲戶汀州屯一千五百二十五名，漳州屯一千五百一十三名。爲田汀州屯二百二十五頃，漳州屯二百五十頃。

高麗國立屯

高麗屯田：世祖至元七年創立，是時東征日本，欲積糧餉，爲進取之計，遂以王綧、洪茶丘等所管高麗戶二千人，及發中衞軍二千人，合婆娑府、咸平府軍各一千人，於王京東寧府、鳳州等一十處，置立屯田，設經略司以領其事，每屯用軍五百人。

四川行省所轄軍民屯田二十九處

廣元路民屯：世祖至元十三年，從利〔州〕路元帥言，〔一三〕廣元實東西兩川要衝，支給浩繁，經理係官田畝，得九頃六十畝，遂以褒州刷到無主人口，偶配爲十戶，立屯開種。十八年，發新得州編民七十七戶屯田，爲戶共八十七。

敍州宣撫司民屯：世祖至元十一年，命西蜀四川經略使起立屯田。十五年，簽長寧軍、富順州等處編民四百七十五戶，立屯耕種。十九年，續簽一百六十戶。二十年，敍州簽民一千九百戶。二十五年，富順州復簽民六百八戶，增入舊屯。二十七年，取勘析出屯戶，得二百八十四。成宗元貞二年，復放罷站戶一千一十七戶，依舊屯田。總之爲戶四千四百四十四。

紹慶路民屯：世祖至元十九年，於本路未當差民戶內，簽二十三〔名〕〔戶〕，置立屯田。〔一四〕二十年，於彭水縣籍管萬州寄戶內，簽撥二十戶。二十一年，簽彭水縣未當差民戶三十二戶增入。二十六年，屯戶貧乏者多負逋，復簽彭水縣編民一十六戶補之。爲戶九十一。

嘉定路民屯：世祖至元十九年，簽亡宋編民四戶，置立屯田。成宗元貞元年，撥成都義士軍八戶增入。爲戶一十二。

順慶路民屯：世祖至元十二年，簽順慶民三千四百六十八戶，置立屯田。十九年，復於民戶內，差撥一千三百三十六戶置民屯。二十年，復簽二百一十二戶增入。總之五千一十六戶。

潼川府民屯：世祖至元十一年，簽本府編民及義士軍二千二百二十四戶，立屯。十三年，復簽民一百四十二戶。二十一年，行省遣使於遂寧府擇監夫之老弱廢疾者，得四十六戶，簽充屯戶。總之二千四百一十二戶。

夔路總管府民屯：世祖至元十一年置，累簽本路編民至五千二十七戶，續於新附軍內簽老弱五十六戶增入。

重慶路民屯：世祖至元十一年置，累於江津、巴縣、瀘州、忠州等處，簽撥編民二千三百八十七戶，并召募，共三千五百六十六戶。

成都路民屯：世祖至元十三年，簽陰陽人四十戶，辦納屯糧。二十二年，續簽瀘州編民九(千)〔十〕七戶，充屯田戶。三十一年，續簽千戶高德所管民一十四戶。〔一五〕

保寧萬戶府軍屯：世祖至元二十六年，保寧府言：「本管軍人，一戶或二丁三丁，父兄子弟應役，實爲重併，若又遷於成都屯種，去家隔遠，逃匿必多。乞令本府在營士卒，及夔路守鎭軍人，止於保寧沿江屯種。」從之。簽軍一千二百名。二十七年，發屯軍一百二十九人，從萬戶也速迭兒西征，別簽漸丁軍人入屯，爲戶一千三百二十九名，爲田一百一十八頃二十七畝。

敍州等處萬戶府軍屯：成宗元貞二年，改立敍州軍屯，還遂寧屯軍二百三十九人，於敍州宣化縣喁口上下荒地開耕，爲田四十一頃八十三畝。

重慶五路守鎭萬戶府軍屯：仁宗延祐七年，發軍一千二百人，於重慶路三堆、中嶆、趙市等處屯耕，爲田四百二十頃。

夔路萬戶府軍屯：世祖至元二十一年，從四川行省議，除沿邊重地，分軍鎭守，餘軍一萬人，命官於成都諸處擇膏腴地，立屯開耕，爲戶三百五十一人，爲田五十六頃七十畝，凡創立十四屯。

成都等路萬戶府軍屯：於本路崇慶州義興鄉楠木園置立，爲戶二百九十九人，爲田四十二頃七十畝。

河東陝西等路萬戶府軍屯：置立於灌州之靑城、陶壩及崇慶州之大(册)〔栅〕頭等處，〔一六〕爲戶一千三百二十八名，爲田二百八頃七畝。

廣安等處萬戶府軍屯：置立於成都路崇慶州之七寶壩，爲戶一百五十名，爲田二十六頃二十五畝。

保寧萬戶府軍屯：置立於(重)〔崇〕慶州晉(源)〔原〕縣之金馬，〔一七〕爲戶五百六十四名，爲田七十五頃九十五畝。

敍州萬戶府軍屯：置立於灌州之青城，爲戶二百二十一名，爲田三十八頃六十七畝。

五路萬戶府軍屯：置立於成都路崇慶州之大栅鎭孝感鄉及灌州青城縣之懷仁鄉，爲戶一千一百六十一名，爲田二百三頃一十七畝。

興元金州等處萬戶府軍屯：置立於崇慶州晉(源)〔原〕縣孝感鄉，爲戶三百四十四名，爲田五十六頃。

隨路八都萬戶府軍屯：置立於灌州青城、溫江縣，爲戶八百三十二名，爲田一百六十二頃五十七畝。

舊附等軍萬戶府軍屯：置立於灌州青城縣、崇慶州等處，爲戶一千二名，爲田一百二十九頃五十畝。

砲手萬戶府軍屯：置立於灌州青城縣龍池鄉，爲戶九十六名，爲田一十六頃八十畝。

順慶軍屯：置立於晉(源)〔原〕縣義興鄉、江源縣將軍橋，爲戶五百六十五名，爲田九十八頃八十七畝。

平（楊）〔陽〕軍屯：〔一八〕置立於灌州青城、崇慶州大栅頭，爲戶三百九十八名，爲田六十九頃六十五畝。

遂寧州軍屯：爲戶二千名，爲田三百五十頃。

嘉定萬戶府軍屯：世祖至元二十一年，摘蒙古、漢軍及嘉定新附軍三百六十人，於崇慶州、青城等處屯田。二十八年，還之元翼，止餘屯軍一十三名，爲田二頃二十七畝。

順慶等處萬戶府軍屯：世祖至元二十六年，發軍於沿江下流漢初等處屯種，爲戶六百五十六名，爲田一百一十四頃八十畝。

廣安等處萬戶府軍屯：世祖至元二十七年，撥廣安舊附漢軍一百一十八名，於新明等處立屯開耕，爲田二十頃六十五畝。

雲南行省所轄軍民屯田一十二處

威楚提舉司屯田：世祖至元十五年，於威楚提舉鹽使司拘刷漏籍人戶充民屯，本司就領其事，與中原之制不同，爲戶三十三，爲田一百六十五雙。

大理金齒等處宣慰司都元帥府軍民屯：世祖至元十二年，命於所轄州縣，拘刷漏籍人戶，得（六）〔一〕千六十有六戶，置立屯田。〔一九〕十四年，簽本府編民四百戶益之。十八年，續簽永昌府編民一千二百七十五戶增入。二十六年，立大理軍屯，於爨僰軍內撥二百戶。二十七年，復簽爨僰軍人二百八十一戶增入。二十八年，續增一百一十九戶。總之民屯三千七百四十一戶，軍屯六百戶，爲田軍民已業二萬二千一百五雙。

鶴慶路軍民屯田：世祖至元十二年，簽鶴慶路編民一百戶立民屯。二十七年，簽爨僰軍一百五十二戶立軍屯，爲田軍屯六百八雙，民屯四百雙，俱己業。

武定路總管府軍屯：世祖至元二十七年，以雲南戍軍糧餉不足，於和曲、祿勸二州爨僰軍內，簽一百八十七戶，立屯耕種，爲田七百四十八雙。

威楚路軍民屯田：世祖至元十二年，立威楚民屯，拘刷本路漏籍人戶，得一千一百一戶，內八百六十六戶官給無主荒田四千三百三十雙，餘戶自備己業田一千一百七十五雙。二十七年，始立屯軍，於本路爨僰軍內簽三百九十九戶，內一十五戶官給荒田六十雙，餘戶自備己業田一千五百三十六雙。

中慶路軍民屯田：世祖至元十二年，置立中慶民屯，於所屬州縣內拘刷漏籍人戶，得四千一百九十七戶，官給田一萬七千二十二雙，自備己業田二千六百二雙。二十七年，始立軍屯，用爨僰軍人七百有九戶，官給田二百三十四雙，自備己業田二千六百一雙。

曲靖等處宣慰司兼管軍萬戶府軍民屯田：世祖至元十二年，立曲靖路民屯，拘刷所轄州郡諸色漏籍人戶七百四十戶立屯。十八年，續簽民一千五百戶增入，其所耕之田，官給一千四百八十雙，自備己業田三千雙。十二年，立澂江民屯，所簽屯戶，與曲靖同，凡一千二百六十戶。二十六年，始立軍屯，於爨僰軍內簽一百六十九戶。二十七年，復簽二百二十六戶增入。十二年，立仁德府民屯，所簽屯戶，與澂江同，凡八十戶，官給田一百六十雙。二十六年，始立軍屯，簽爨僰軍四十四戶。二十七年，續簽五十六戶增入，所耕田畝四百雙，俱係軍人己業。

烏撒宣慰司軍民屯田：世祖至元二十七年，立烏撒路軍屯，以爨僰軍一百一十四戶屯田。又立東川路民屯，屯戶亦係爨僰軍人，八十六戶，皆自備己業。

臨安宣慰司兼管軍萬戶府軍民屯田：世祖至元十二年，立臨安民屯二處，皆於所屬州縣拘刷漏籍人戶開耕。宣慰司所管民屯三百戶，田六百雙。本路所管民屯二千戶，田三千四百雙。二十七年，續立爨僰軍屯，爲戶二百八十八，爲田一千一百五十二雙。

梁千戶翼軍屯：世祖至元三十年，梁王遣使詣雲南行省言，以漢軍一千人置立屯田。三十一年，發三百人備鎮戍巡邏，止存七百人，於烏蒙屯田，後遷於新興州，爲田三千七百八十九雙。

羅羅斯宣慰司兼管軍萬戶府軍民屯田：世祖至元二十七年，立會通民屯，屯戶係爨僰土軍二戶。十六年，立建昌民屯，撥編民一百四戶。二十三年，發爨僰軍一百八十戶，立軍屯。是年，又立會川路民屯，發本路所轄州邑編民四十戶。十六年，立德昌路民屯，發編民二十一戶。二十年，始立軍屯，發爨僰軍人一百二十戶。

烏蒙等處屯田總管府軍屯：仁宗延祐三年，立烏蒙軍屯。先是雲南行省言：「烏蒙乃雲南咽喉之地，別無屯戍軍馬，其地廣闊，土脈膏腴，皆有古昔屯田之蹟，乞發畏吾兒及新附漢軍屯田鎮遏。」至是從之。爲戶軍五千人，爲田一千二百五十頃。

湖廣等處行中書省所轄屯田三處

海北海南道宣慰司都元帥府民屯：世祖至元三十年，召募民戶并發新附士卒，於海南、海北等處置立屯田。成宗元貞元年，以其地多瘴癘，縱屯田軍二千人還各翼，留二千人與召募民之屯種。大德三年，罷屯田萬戶府，屯軍悉令還役，止令民戶八千四百二十八戶屯田，瓊州路五千一十一戶，雷州路一千五百六十六戶，高州路九百四十八戶，化州路八百四十三戶，廉州路六十戶。爲田瓊州路二百九十二頃九十八畝，雷州路一百六十五頃五十一畝，高州路四十五頃，化州路五十五頃二十四畝，廉州路四頃八十八畝。

廣西兩江道宣慰司都元帥撞兵屯田：〔一〇〕成宗大德二年，黃聖許叛，逃之交趾，遺棄水田五百四十五頃七畝。部民有呂瑛者，言募牧蘭等處及融慶溪洞徭、獞民丁，於上浪、忠州諸處開屯耕種。十年，平大任洞賊黃德寧等，以其地所遺田土，續置藤州屯田。爲戶上浪屯一千二百八十二戶，忠州屯六百一十四戶，那扶屯一千九戶，雷留屯一百八十七戶，水口屯一千五百九十九戶。續增藤州屯，二百八頃一十九畝。

湖南道宣慰司衡州等處屯田：世祖至元二十五年，調德安屯田萬戶府軍士一千四百六十七名，分置衡州之清化、永州之烏符、武岡之白倉，置立屯田。二十七年，募衡陽縣無土產居民，得九戶，增入清化屯。爲戶清化屯軍民五百九戶；烏符屯軍民五百戶，白倉屯同。爲田清化屯一百二十頃一十九畝，烏符屯一百三頃五十畝，白倉屯八十六頃九十二畝。

校勘記

〔一〕伯顏只魯(于)〔干〕　蒙古語「伯顏」言「富」，「只魯干」義爲「心臟」。「于」誤，今改。

〔二〕(塔)〔哈〕剌木連等處御位下　據上文改。按哈剌木連卽黃河。新編已校。

〔三〕開(城)〔成〕路　見卷一〇校勘記〔一〇〕。

〔四〕阿剌忽馬(兒)〔乞〕　據前後文所見改。此名蒙古語，義爲「斑駁之沙」。新編已校。

〔五〕哈剌班忽都拙(思)〔里〕牙赤耳眉　按「拙里牙赤」，官職名，本卷多見。此處「思」字誤，今改。

〔六〕（勺）〔芍〕陂　據本書卷五九地理志改。下同。

〔七〕黄華（領）〔嶺〕　從道光本改。下同。

〔八〕是年改大同侍衛爲中都威衛　承上文，「是年」指至大四年。按本書卷二五仁宗紀、卷八六百官志，卷九九兵志俱繫于延祐元年。此處疑有脱誤。

〔九〕大〔司〕農司所轄　從道光本補。

〔一〇〕募民開耕（連）〔漣〕海州荒地　從道光本改。按元連州屬江西行省廣東道，與淮東、淮西屯田事無涉。

〔一一〕續增漸丁五十二戶　此下闕田畝數。道光本據經世大典補入「田一千五百四十頃」八字。

〔一二〕櫟（楊）〔陽〕　從北監本改。下同。

〔一三〕利〔州〕路　據本書卷六〇地理志廣元路條補。

〔一四〕簽二十三（名）〔戶〕置立屯田　從道光本改。按作「二十三戶」方與下文總戶數合。

〔一五〕簽陰陽人四十戶至續簽瀘州編民九（千）〔十〕七戶至續簽千戶高德所管民一十四戶　按元文類卷四一經世大典序錄屯田有「成都路屯，一百五十戶」。作「十」字，志文三項戶數之和適與此總數相近。「千」誤，今改。

〔一六〕崇慶州之大（册）〔栅〕頭等處　道光本與下文及元文類卷四一經世大典序錄屯田合，從改。

〔一七〕置立於（重）〔崇〕慶州晉（源）〔原〕縣之金馬　按「重」字誤，據下文及元文類卷四一經世大典序錄屯田改。又「源」誤，據本書卷六〇地理志及元一統志改。下同。

〔一八〕平（楊）〔陽〕軍屯　從北監本改。

〔一九〕得（六）〔二〕千六十有六戶置立屯田　道光本據經世大典改「六」爲「二」，從改。按此處作「二千」方與下文總數合。

〔二〇〕廣西兩江道宣慰司都元帥撞兵屯田　按本卷通篇文例皆以官司或地名冠屯田，無以官名者，疑「都元帥」下脫「府」字。

元史卷一百一

志第四十九

兵四

站赤

元制站赤者，驛傳之譯名也。蓋以通達邊情，布宣號令，古人所謂置郵而傳命，未有重於此者焉。凡站，陸則以馬以牛，或以驢，或以車，而水則以舟。其給驛傳璽書，謂之鋪馬聖旨。遇軍務之急，則又以金字圓符爲信，銀字者次之；內則掌之天府，外則國人之爲長官者主之。其官有驛令，有提領，又置脫脫禾孫於關會之地，以司辨詰，皆總之於通政院及中書兵部。而站戶闕乏逃亡，則又以時僉補，且加賑卹焉。於是四方往來之使，止則有館舍，頓則有供帳，饑渴則有飲食，而梯航畢達，海宇會同，元之天下，視前代所以爲極盛也。今故著其驛政之大者，然後紀各省水陸凡若干站，而遼東狗站，亦因以附見云。

太宗元年十一月，敕：「諸牛鋪馬站，每一百戶置漢車一十具。各站俱置米倉，站戶每年一牌內納米一石，令百戶一人掌之。北使臣每日支肉一斤、麵一斤、米一升、酒一瓶。」四年五月，諭隨路官員並站赤人等：「使臣無牌面文字，始給馬之驛官及元差官，皆罪之。有文字牌面，而不給驛馬者，亦論罪。若係軍情急速，及送納顏色、絲線、酒食、米粟、段匹、鷹隼，但係御用諸物，雖無牌面文字，亦驗數應付車牛。」

世祖中統四年三月，中書省定議乘坐驛馬，長行馬使臣、從人及下文字曳剌、解子人等分例。乘驛使臣換馬處，正使臣支粥食、解渴酒，從人支粥。宿頓處，正使臣白米一升，麵一斤，酒一升，油鹽雜支鈔一十文，冬月一行日支炭五斤，十月一日爲始，正月三十日終住支；從人白米一升，麵一斤。長行馬使臣齎聖旨、令旨及省部文字，幹當官事者，其一二居長人員，支宿頓分例，次人與粥飯，仍支給馬一匹、草一十二斤、料五升，十月爲始，至三月三十日終止，白米一升，麵一斤，油鹽雜用鈔一十文。投呈公文曳剌、解子，依部擬宿頓處批支。五月，雲州設站戶，取迤南州城站戶籍內，選堪中上戶應當。馬站戶，馬一匹，牛站戶，牛二隻，於各戶選堪當站役之人，不問親軀，每戶取二丁，及家屬於立站去處安置。

五年八月，詔：「站戶貧富不等，每戶限四頃，除免稅石，以供鋪馬祇應；已上地畝，全納地稅。」

至元六年二月，詔：「各道憲司，如總管府例，每道給鋪馬劄子三道。」

七年正月，省部官定議：「各路總〔管〕府在城驛，〔一〕設官二員，於見役人員內選用；州縣驛，設頭目二名，如見役人卽是相應站戶，就令依上任事，不係站戶，則就本站馬戶內別行選用；除脫脫禾孫依舊存設，隨路見設總站官，罷之。」十一月，立諸站都統領使司，往來使臣，令脫脫禾孫盤問。

八年正月，中書省議：「鋪馬劄子，初用蒙古字，各處站赤未能盡識，宜繪畫馬匹數目，復以省印覆之，庶無疑惑。」因命今後各處取給鋪馬標附文籍，其馬匹數付（驛）〔譯〕史房書寫畢，〔二〕就左右司用墨印，印給馬數目，省印印訖，別行附籍發行墨印，左右司封掌。

九年八月，諸站都統領使司言：「朝省諸司局院，及外路諸官府應差馳驛使臣所賚劄子，從脫脫禾孫辨詰，無脫脫禾孫之處，令總管府驗之。」

十一年十月，命隨處站赤，直隸各路總管府，其站戶家屬，令元籍州縣管領。

十三年正月，改諸站都統領使司爲通政院，命降鑄印信。

十七年二月，詔：「江淮諸路增置水站。除海青使臣，及事干軍務者，方許馳驛。餘者自濟州水站爲始，並令乘船往來。」

十八年閏八月，詔：「除上都、榆林迤北站赤外，隨路官錢，不須支給，驗其閑劇，量增站戶，協力自備首思當站。」

十九年四月，詔給各處行省鋪馬聖旨，揚州行省、鄂州行省、泉州行省、隆興行省、占城行省、安西行省、四川行省、西夏行省、甘州行省，每省五道。南方驗田糧及七十石者，准當站馬一匹。九月，通政院臣言：「隨路站赤三五戶，共當正馬一匹，十三戶供車一輛，自備一切什物公用。近年以來，多爲諸王公主及正宮太子位下頭目識認招收，或冒入投下戶計者，遂致站赤損弊，乞換補站戶。」從之。十月，增給各省鋪馬聖旨，西川、京兆、泉州十道，甘州、中興各五道。

二十年二月，和林宣慰司給鋪馬聖旨二道。〔五月〕，江淮行省增給十道，〔三〕都省遣使繁多，亦增二十道給之。七月，免站戶和顧和買、一切雜泛差役，仍令自備首思。十一月，增給甘州行省鋪馬聖旨十道，總之爲二十道。十二月，增各省及轉運司、宣慰司鋪馬聖旨三十五道：江淮行省十道，四川行省十道，安西轉運司分司二道，荊湖行省所轄湖南宣慰司三道，福建行省十道。

二十一年二月，增給各處鋪馬劄子：荊湖、占城等處本省一十道，荊湖北道宣慰司二道，所轄路分一十六處，每處二道；山東運司二道；河間運司七道；宣德府三道；江西行省五道；福建行省所轄路分七處，每處二道；司農司五道；四川行省所轄順元路宣慰司三道，思州、播州兩處宣撫司各三道；都省二十道。四月，定增使臣分例：正使宿頓支米一升、麵一斤、羊肉一斤、酒一升、柴一束，油鹽雜支增鈔二分，通作三分，經過減半。從者每名支米一升，經過減半。九月，給阿里海牙所治之省鋪馬聖旨十道，所轄宣慰司二處，各三道。

二十二年四月，給陝西行省并各處宣慰司、行工部等處鋪馬劄子一百二十六道。

二十三年四月，福建、東京兩行省各給圓牌二面。奧魯赤出使交趾，先給圓牌二面，今再增二面，於脫歡太子位下給發。南京行省起馬三十四，給圓牌二面。創立三處宣慰司，給劄子起馬三十四。

二十四年四月，增給尚書省鋪馬聖旨一百五十道，并先給降一百五十道，共三百道。五月，揚州省言：「徐州至揚州水馬站，兩各分置，夏月水潦，使臣勞苦。請徙馬站附併水站一處安置，馳驛者白日馬行，夜則經由水路，況站戶皆是水濱居止者，庶幾官民兩便。」從之。七月，給中興路、陝西行省、廣東宣慰司、沙不丁等官鋪馬聖旨一十三道。

二十五年正月，腹裏路分三十八處，年銷祗應錢不敷，增給鈔三千九百八十一錠，併元額七千一百六十九錠，總中統鈔一萬一千一百五十錠，分上下半年給降。二月，命南方站戶，以糧七十石出馬一匹爲則，或十石之下八九戶共之，或二三十石之上兩三戶共之，惟求稅糧僅足當站之數，不至多餘，却免其一切雜泛差役。若有納糧百石之下、七十石之上，自請獨當站馬一匹者聽之。五月，增給遼陽行省鋪馬劄子五道。十一月，福建行省元給鋪馬聖旨二十四道，增給劄子六道。

二十六年正月，給光祿寺鋪馬劄子四道。二月，從沿海鎭守官蔡澤言，以舊有水軍二千人，於海道置立水站。三月，給海道運糧萬戶府鋪馬聖旨五道。四月，四川紹慶路給鋪馬劄子二道，成都府六道。龍興行省增給鋪馬聖旨五道，太原府宣慰司及儲峙提舉司給降二道。八月，給遼東宣慰司鋪馬聖旨五道，大理、金齒宣慰司四道。九月，增給西京宣慰司鋪馬劄子五道，江淮行省所轄浙東道宣慰司三道，紹興路總管府給降二道，甘肅行省所轄亦集乃總管府、沙州、肅州三路給六道。十一月，增給甘肅行省鋪馬聖旨七道。

二十七年正月，增給陝西行省鋪馬聖旨五道。二月，都省增給鋪馬聖旨一百五十道，江淮行省一十五道。六月，給營田提舉司鋪馬聖旨二道。九月，江淮行省所轄徽州路水道不通，給鋪馬聖旨二道。

二十八年六月，隨處設站官二員，大都至上都置司吏三名，餘設二名，祗應頭目、攢典各一名。站戶及百者，設百戶一名。七月，詔各路府州縣達魯花赤長官，依軍戶例，兼管站赤奧魯，非奉通政院明文，不得擅科差役。十二月，增給省除之任官鋪馬聖旨三百五十道。

二十九年三月，命通政院分官四員，於江南四省整理站赤，給印與之。

三十年正月，南丹州洞蠻來朝，立安撫司於其地，給鋪馬聖旨二道。三月，兩淮都轉運鹽使司，增給鋪馬聖旨起馬五匹。五月，給淘金運司鋪馬聖旨起馬五匹，大司農司起馬二十匹。六月，江浙行省言：「各路遞運站船，若止以六戶供船一艘，除苗不過十四五石，力寡不能當役。請令各路除苗不過元額二十四石，自六戶之上，或至十戶，通融簽撥。」從之。八月，給劉二拔都兒圓牌三面，鋪馬聖旨一十五道。十月，增給濟南府鹽運司鋪馬聖旨一道。

三十一年六月，給福建運司鋪馬聖旨起馬五匹。

成宗大德八年正月，御史臺臣言：「各處站赤合用祇應官錢，多不依時撥降，又或數少不給，遂令站戶輪當庫子，陪備應辦。莫若驗使臣起數，實支官錢，所在官司，依時撥降，令各站提領收掌祇待，毋得科配小民，似為便益。」詔都省定議行之。

十年，從江浙省言，命站官仍領祇待，選站戶之有餘糧者，以充庫子，止設一名，上下半年更代，就淮本戶里正、主首身役。

武宗至大三年五月，給嘉興、松江、瑞州三路及汴梁等處管民總管府，鋪馬聖旨各三道。

四年三月，詔拘收各衙門鋪馬聖旨，命中書省定議以聞。省臣言：「始者站赤隸兵部，後屬通政院，今通政院怠於整治，站赤消乏，合依舊命兵部領之。」制可。四月，中書省臣又言：「昨奉旨以站赤屬兵部，今右丞相鐵木迭兒等議，漢地之驛，命兵部領之，其鐵烈干、納憐、末憐等處蒙古站赤，仍付通政院。」帝曰：「何必如此，但令罷通政院，悉隸兵部可也。」閏七月，復立通政院，領蒙古站赤。八月，詔：「大都至上都，每站除設驛令、丞外，設提領三員，司吏三名。腹裏路分，衝要水陸站赤，設提領二員，司吏二名。其餘閑慢驛分，止設提領一員，司吏一名。如無驛令，量擬提領二員。每一百戶，設百戶一名，從拘該路府州縣提調正官，於站戶內選用，三歲爲滿。凡濫設官吏頭目人等，盡罷之。」十一月，給中政院鋪馬聖旨二十道。

仁宗皇慶二年四月，增給陝西行臺鋪馬聖旨八道。

〔延祐元年〕六月，中書省臣言：「典瑞監掌金字圓牌及鋪馬聖旨三百餘道。至大四年，凡聖旨皆納之于翰林院，以金字圓牌不敷，增置五十面。蓋圓牌遣使，初爲軍情大事而設，不宜濫給，自今求給牌面，不經中書省、樞密院者，宜勿與。」從之。（延祐元年）十月，沙、瓜州立屯儲總管萬戶府，〔四〕給鋪馬聖旨六道。

五年十月，中書兵部言：「各站設置提領，止受部劄，行九品印，職專車馬之役，所領站赤多者三二千，少者五七百戶，比之軍民，體非輕細。奈何俸祿不給，三年一更，貪邪得以自縱。今擬各處舘驛，除令、丞外，見役提領不許交換。」從之。

七年四月，詔蒙古、漢人站，依世祖舊制，悉歸之通政院。十一月，從通政院官請，詔腹裏、江南漢地站赤，依舊制，命各路達魯花赤、總管提調，州縣官勿得預。

泰定元年三月，遣官賑給怙里干、木憐、納憐等一百一十九站鈔二十一萬三千三百錠，糧七萬六千二百四十四石八斗。北方站赤，每加津濟，至此爲最盛。

中書省所轄腹裏各路站赤，總計一百九十八處：

陸站一百七十五處，馬一萬二千二百九十八匹，車一千六十九輛，牛一千九百八十二隻，驢四千九百八頭。

水站二十一處，船九百五十隻，馬二百六十六匹，牛二百隻，驢三百九十四頭，羊五百口。

牛站二處，牛三百六隻，車六十輛。

河南江北等處行中書省所轄，總計一百七十九處，該一百九十六站：

陸站一百六處，馬三千九百二十八匹，車二百一十七輛，牛一百九十二隻，驢五百三十四頭。

水站九十處，船一千五百一十二隻。

遼陽等處行中書省所轄，總計一百二十處：

〔陸站一百五處〕，〔三〕馬六千五百一十五匹，車二千六百二十一輛，牛五千二百五十九隻。

狗站一十五處，元設站戶三百，狗三千隻，後除絕亡倒死外，實在站戶二百八十九，狗二百一十八隻。

江浙等處行中書省所轄，總計二百六十二處：

馬站一百三十四處，馬五千一百二十三匹。

轎站三十五處，轎一百四十八乘。

步站一十一處，遞運夫三千三十二戶。

水站八十二處，船一千六百二十七隻。

江西等處行中書省所轄，總計一百五十四處：

馬站八十五處，馬二千一百六十五匹，轎二十五乘。

水站六十九處，船五百六十八隻。

湖廣等處行中書省所轄，總計一百七十三處：

陸站一百處，馬二千五百五十五匹，車七十輛，牛五百四十五隻，坐轎一百七十五乘，臥轎三十乘。

水站七十三處，船五百八十隻。

陝西行中書省所轄八十一處：

陸站八十處，馬七千六百二十九匹。

水站一處，船六隻。

四川行中書省所轄：

陸站四十八處，馬九百八十六匹，牛一百五十頭。

水站八十四處，船六百五十四隻，牛七十六頭。

雲南諸路行中書省所轄站赤七十八處：

馬站七十四處，馬二千三百四十五匹，牛三十隻。

水站四處，船二十四隻。

甘肅行中書省所轄三路：

脫脫禾孫馬站六處，馬四百九十一匹，牛一百四十九頭，驢一百七十一頭，羊六百五十口。

弓手

元制，郡邑設弓手，以防盜也。內而京師，有南北兩城兵馬司，外而諸路府所轄州縣，設縣尉司、巡檢司、捕盜所，皆置巡軍弓手，而其數則有多寡之不同。職巡邏，專捕獲。官有綱運及流徙者至，則執兵仗導送，以轉相授受。外此則不敢役，示專其職焉。

世祖中統五年，隨州府驛路設置巡馬及馬步弓手，驗民戶多寡，定立額數。除本管頭目外，本處長官兼充提控官。其夜禁之法，一更三點，鐘聲絕，禁人行；五更三點，鐘聲動，聽人行。有公事急速及喪病產育之類，則不在此限。違者笞二十七下，有官者笞七下，准贖元寶鈔一貫。州縣城池相離遠處，其間五七十里，所有村店及二十戶以上者，設立巡防弓手，合用器仗，必須完備，令本縣長官提調。不及二十戶者，依數差（捕）〔補〕。〔六〕若無村店去處，或五七十里，創立聚落店舍，亦須及二十戶數。其巡軍別設，不在戶數之內。關津渡口，必當設立店舍弓手去處，不在五七十里之限。於本路不以是何投下當差戶計，及軍站人匠、打捕鷹房、斡脫、窰冶諸色人等戶內，每一百戶內取中戶一名充役，與免本戶合着差發，其當戶推到合該差發數目，却於九十九戶內均攤。若有失盜，勒令當該弓手，定立〔二〕〔三〕限盤捉，每限一月。〔七〕如限內不獲，其捕盜官，强盜停俸兩月，竊盜一月。外據弓手，如一月不獲，强盜決〔二〕〔一〕十七下，〔八〕竊盜七下；兩月不獲，强盜二十七下，竊盜一十七下；三月不獲者，强盜三十七下，竊盜二十七下。如限內獲賊，數及一半者，全免正罪。

至元三年，省部議：「隨路戶數，多寡不同，兼軍站不該差發，似難均攤。擬合斟酌京府司縣合用人數，止於本處包銀絲線，並止納包銀戶計內，每一百戶選差中戶一名當役，本戶合當差發稅銀，却令九十九戶包納。」從之。

四年，除上都、中都已有巡軍，其所轄州縣合設弓手，俱於本路包銀等戶選丁多强壯者充，驗各處州縣戶數多寡、驛程緊慢設置，合用器仗，各人自備。

八年，御史臺言：「諸路宜選年壯熟閑弓馬之人，以備巡捕之職。弓手數少者，亦宜增置。除捕盜防轉，不得別行差占。」

十六年，分大都南北兩城兵馬司，各主捕盜之任。南城三十二處，弓手一千四百名；北城一十七處，弓手七百九十五名。

二十三年，省臺官言：「捕賊巡馬，先令執持悶棍以行，賊衆多有弓箭，反致巡軍被傷。今議給各路弓箭十副，府州七副，司縣五副，各令置備防盜。」從之。仁宗延祐二年，從江南行御史臺請，以各處弓手人等，往往致害人命，役三年者罷之，還當民役，別於相應戶內補換。

急遞鋪兵

古者置郵而傳命，示速也。元制，設急遞鋪，以達四方文書之往來，其所繫至重，其立法蓋可考焉。

世祖時，自燕京至開平府，復自開平府至京兆，始驗地里遠近，人數多寡，立急遞站鋪。每十里或十五里、二十五里，則設一鋪，於各州縣所管民戶及漏籍戶內，僉起鋪兵。

中統元年，詔：「隨處官司，設傳遞鋪驛，每鋪置鋪丁五人。各處縣官，置文簿一道付鋪，遇有轉遞文字，當傳鋪所即注名件到鋪時刻，及所轄轉遞人姓名，置簿，令轉送人取下鋪押字交收時刻還鋪。本縣官司時復照刷，稽滯者治罪。其文字，本縣官司絹袋封記，以牌書號。其牌長五寸，闊一寸五分，以綠油黃字書號。若係邊關急速公事，用匣子封鎖，於上重別題號，及寫某處文字、發遣時刻，以憑照勘遲速。其匣子長一尺，闊四寸，高三寸，用黑油紅字書號。已上牌匣俱係營造小尺，上以千字文爲號，仍將本管地境、置立鋪驛卓望地名，遞相傳報。」鋪兵一晝夜行四百里。各路總管府委有俸正官一員，每季親行提點。州縣亦委有俸末職正官，上下半月照刷。如有怠慢，初犯事輕者笞四十贖銅，再犯罰俸一月，三犯者決。總管府提點官比總管減一等，仍科三十，初犯贖銅，再犯罰俸半月，三犯者決。鋪兵鋪司，痛行斷罪。

至元八年，申命州縣官，用心照刷及點視闕少鋪司鋪兵。凡有遞轉文字到，鋪司隨郎分明附籍，速令當該鋪兵，裹以軟絹包袱，更用油絹捲縛，夾版束繫，齎小回曆一本，作急走遞，到下鋪交割附曆訖，於回曆上令鋪司驗到鋪時刻，幷文字總計角數，及有無開拆、磨擦損壞，或亂行批寫字樣，如此附寫一行，鋪司畫字，回還。若有違犯，易爲挨問。隨路鋪兵，不許顧人領替，須要本戶少壯人力正身應役。每鋪安置十二時輪子一枚、紅綽屑一座，幷牌額及上司行下、諸路申上鋪曆二本。每遇夜，常明燈燭。其鋪兵每名備夾版、鈴攀各一付，纓槍一，軟絹包袱一，油絹三尺，簑衣一領，回曆一本。各處往來文字，先用淨檢紙封裹於上，更用厚夾紙印信封皮。各路承發文字人吏，每日逐旋發放，及將承發到文字，驗視有無開拆、磨擦損壞、批寫字樣，分朗附簿。

九年，左補闕祖立福合言：「諸路急遞鋪名，不合人情。急者急速也，國家設官署名字，必須吉祥者爲美，宜更定之。」遂更爲通遠鋪。

二十年，留守司官言：「初立急遞鋪時，取不能當差貧戶，除其差發充鋪兵，又不敷者，於漏籍戶內貼補。今富人規避差發，求充鋪兵，乞擇其富者，令充站戶，站戶之貧者，卻充鋪兵。」從之。

二十八年，中書省定議：「近年入遞文字，封緘雜亂，發遣無時，今後省部并諸衙門入遞文字，其常事皆付承發司隨所投下去處，類爲一緘。如往江淮行省者，凡江淮行省不以是何文字，通爲一緘。其他官府同。省部臺院，凡有急速之事，別置匣子發遣，其匣子入遞，隨到卽行。鋪司須能附寫文曆，辨定時刻，鋪兵須壯健善走者，不堪之人，隨卽易換。」

三十一年，大都設置總急遞鋪提領所，降九品銅印，設提領三員。

英宗至治三年，各處急遞鋪，每十鋪設一郵長，於州縣籍記司吏內差充，使之專督其事。一歲之內，能盡職者，從優補用；不能者，提調官量輕重罪之。

凡鋪卒皆腰革帶，懸鈴，持槍，挾雨衣，齎文書以行。夜則持炬火，道狹則車馬者、負荷者，聞鈴避諸旁，夜亦以驚虎狼也。響及所之鋪，則鋪人出以俟其至。囊板以護文書不破碎、不襞積，摺小漆絹以禦雨雪，不使濡濕之。及各鋪得之，則又展轉遞去。

鷹房捕獵

元制自御位及諸王，皆有昔寶赤，蓋鷹人也。是故捕獵有戶，使之致鮮食以薦宗廟，供天庖，而齒革羽毛，又皆足以備用，此殆不可闕焉者也。然地有禁，取有時，而違者則罪之。冬春之交，天子或親幸近郊，縱鷹隼搏擊，以爲游豫之度，謂之飛放。故鷹房捕獵，皆有司存。而打捕鷹房人戶，多取析居、放良及漏籍孛蘭奚、還俗僧道，與凡曠役無賴者，及招收亡宋舊役等戶爲之。其差發，除納地稅、商稅，依例出軍等六色宣課外，並免其雜泛差役。自太宗乙未年，抄籍分屬御位下及諸王公主駙馬各投下。及世祖時，行尚書省嘗重定其籍，厥後永爲定制焉。

御位下打捕鷹房官：一所，權官張元，大都路寶坻縣置司，元額七十七戶。一所，王阿都赤，世襲祖父職，掌十投下、中都、順天、眞定、宣德等路諸色人匠打捕等戶，元額一百四十七戶。一所，管領大都等處打捕鷹房民戶達魯花赤石抹也先，世襲祖父職，元額一百一十七戶。一所，管領大都路打捕鷹房等官李脫歡怙木兒，世襲祖父職，元額二百二十八戶。一所，宣授管領大都等處打捕鷹房人匠等戶達魯花赤黃也速觧兒，世襲祖父職，元額五十戶。一所，管領鷹房打捕人匠等戶達魯花赤移剌帖木兒，世襲祖父職，元額一百五十七戶。一所，宣授管領打捕鷹房等戶達魯花赤阿八赤，世襲祖父職，元額三百五十五戶。一所，宣授管領大都等路打捕鷹房人戶達魯花赤寒食，世襲祖父職，元額二百四十三戶。

諸王位下：汝寧王位下，管領民匠打捕鷹房等戶官，元額二百一戶。普賽因大王位下，管領本投下大都等路打捕鷹房諸色人匠達魯花赤都總管府，元額七百八十戶。

天下州縣所設獵戶：腹裏打捕戶，總計四千四百二十三戶。河東宣慰司打捕戶，五百九十八戶。晉寧路打捕戶，三百三十二戶。大同路打捕戶，一十五戶。（翼）〔冀〕寧路打捕戶，〔九〕二百五十一戶。上都留守司打捕戶，三百九十七戶。宣德提領所打捕戶，一百八十二戶。山東宣慰司打捕戶，三百九十七戶。宣德提領所打捕戶，一百八十二戶。山東宣慰司打捕戶，一百戶。〔一〇〕益都路打捕戶，四十三戶。濟南路打捕戶，三十六戶。般陽路二十一戶。東平路三十四戶。曹州八十四戶。德州一十戶。濮州三十一戶。泰安州五戶。東昌路一戶。眞定路九十一戶。順德路一十九戶。廣平路一十九戶。冠州五戶。恩州二戶。彰德三十七戶。衞輝路一十六戶。大名路二百八十六戶。保（安）〔定〕路三十一戶。〔一一〕河間路二百五十二戶。隨路提舉司一千一百九十一戶。河間鷹房府二百七十六名。都總管府七百五十六戶。

遼陽大寧等處打捕鷹房官捕戶，七百五十九戶。東平等路打捕鷹房官捕戶，三百九戶。隨州德安河南襄陽懷孟等處打捕鷹房官捕戶，一百七十二戶。扠捕提領所捕戶，四十戶。高麗鷹房總管捕戶，二百五十戶。河南等路打捕鷹房官捕戶，一千一百四十二戶。益都等處打捕鷹房官捕戶，五百二十一戶。河北河南東平等處打捕鷹房官捕戶，三百戶。隨路打捕鷹房總管捕戶，一百五十九戶。眞定保定等處打捕鷹房官捕戶，五十戶。淮安路鷹房官捕戶，四十七戶。揚州等處打捕鷹房官捕戶，七十二戶。宣徽院管轄淮東淮西屯田打捕總管府司屬打捕衙門，提舉司十處，千戶所一處，總一萬四千三百二戶。淮安提舉司八百五十八戶。安東提舉司九百一十二戶。招泗提舉司四百六十五戶。鎭巢提舉司二千五百四十戶。蘄黃提舉司一千一百一十二戶。通泰提舉司七百四十九戶。塔山提舉司六百四十四戶。魚網提舉司二千五百一十九戶。打捕手號軍上千戶所打捕軍，六百四戶。

校勘記

〔一〕各路總〔管〕府在城驛　從道光本補。

〔二〕其馬匹數付（驛）〔譯〕史房書寫畢　據經世大典站赤改。

〔三〕二十年二月和林宣慰司給鋪馬聖旨二道〔五月〕江淮行省增給十道　據經世大典站赤補。

〔四〕〔延祐元年〕六月中書省臣言至（延祐元年）十月沙瓜州立屯儲總管萬戶府　按經世大典站赤，六月十月兩月記事均係延祐元年之事，「十月」上之「延祐元年」四字應置于「六月」之上。據改正。

〔五〕〔陸站一百五處〕　道光本據經世大典增入，從補。

〔六〕不及二十戶者依數差（捕）〔補〕　從道光本改。

〔七〕定立（二）〔三〕限盤捉每限一月　據元文類卷四一經世大典序錄弓手改。按既言「每限一月」，而下文有「一月不獲」、「兩月不獲」、「三月不獲者」等語，證作「二限」誤。

〔八〕如一月不獲强盜決（二）〔一〕十七下　按「決二十七下」乃兩月不獲之罰格，此誤。今據元文類卷四一經世大典序錄弓手改。

〔九〕（翼）〔冀〕寧路打捕戶　據本書卷五八地理志改。

〔一〇〕宣德提領所打捕戶一百八十二戶山東宣慰司打捕戶三百九十七戶宣德提領所打捕戶一百八十二戶山東宣慰司打捕戶一百戶　「宣德提領所」、「山東宣慰司」均重出。「宣德提領所」兩條戶數相同，後一條當係衍文。

〔一一〕保（安）〔定〕路三十一戶　按元無「保安路」，有「保定路」，「安」「定」形近而誤，今改。

元史卷一百二

志第五十

刑法一

自古有天下者，雖聖帝明王，不能去刑法以爲治，是故道之以德義，而民弗從，則必律之以法，法復違焉，則刑辟之施，誠有不得已者。是以先王制刑，非以立威，乃所以輔治也。故書曰：「士制百姓于刑之中，以教祗德。」後世專務黷刑任法以爲治者，無乃昧於本末輕重之義乎！歷代得失，考諸史可見已。

元興，其初未有法守，百司斷理獄訟，循用金律，頗傷嚴刻。及世祖平宋，疆理混一，由是簡除繁苛，始定新律，頒之有司，號曰至元新格。仁宗之時，又以格例條畫有關於風紀者，類集成書，號曰風憲宏綱。至英宗時，復命宰執儒臣取前書而加損益焉，書成，號曰大元通制。其書之大綱有三：一曰詔制，二曰條格，三曰斷例。凡詔制爲條九十有四，條格爲條一千一百五十有一，斷例爲條七百十有七，大概纂集世祖以來法制事例而已。其五刑之目：凡七下至五十七，謂之笞刑；凡六十七至一百七，謂之杖刑；其徒法，年數杖數，相附麗爲加減，鹽徒盜賊既決而又鐐之；流則南人遷於遼陽迤北之地，北人遷於南方湖廣之鄉；死刑，則有斬而無絞，惡逆之極者，又有陵遲處死之法焉。

蓋古者以墨、劓、剕、宮、大辟爲五刑，後世除肉刑，乃以笞、杖、徒、流、死備五刑之數。元因之，更用輕典，蓋亦仁矣。世祖謂宰臣曰：「朕或怒，有罪者使汝殺，汝勿殺，必遲回一二日乃覆奏。」斯言也，雖古仁君，何以過之。自後繼體之君，惟刑之恤，凡郡國有疑獄，必遣官覆讞而從輕，死罪審錄無冤者，亦必待報，然後加刑。而大德間，王約復上言：「國朝之制，笞杖十減爲七，今之杖一百者，宜止九十七，不當又加十也。」此其君臣之間，唯知輕典之爲尙，百年之間，天下乂寧，亦豈偶然而致哉。

然其弊也，南北異制，事類繁瑣，挾情之吏，舞弄文法，出入比附，用譎行私，而兇頑不法之徒，又數以赦宥獲免；至於西僧歲作佛事，或恣意縱囚，以售其奸宄，俾善良者喑啞而飲恨，識者病之。然則元之刑法，其得在仁厚，其失在乎緩弛而不知檢也。今按其實，條列而次第之，使後世有以考其得失，作刑法志。

名例

五刑

笞刑：七下，十七，二十七，三十七，四十七，五十七。

杖刑：六十七，七十七，八十七，九十七，一百七。

徒刑：一年，杖六十七。一年半，杖七十七。二年，杖八十七。二年半，杖九十七。三年。杖一百七。

流刑：遼陽，湖廣，迤北。

死刑：斬，陵遲處死。

五服

斬衰：三年。

子爲父、婦爲夫之父之類。

齊衰：三年，杖期，期，五月，三月。

子爲母、婦爲夫之母之類。

大功：九月，長殤九月，中殤七月。〔一〕

爲同堂兄弟、爲姑姊妹適人者之類。

小功：五月，殤。

爲伯叔祖父母、爲再從兄弟之類。

緦麻：三月，殤。

爲族兄弟、爲族曾祖父母之類。

十惡

謀反：

謂謀危社稷。

謀大逆：

謀叛：

謂謀背國從僞。

惡逆：

謂毆及謀殺祖父母、父母，殺伯叔父母、姑、兄、姊、外祖父母、夫、夫之祖父母、父母者。

不道：

謂殺一家非死罪三人，及支解人、造畜蠱毒、魘魅。

大不敬：

謂盜大祀神御之物、乘輿服御物；盜及僞造御寶；合和御藥，誤不如本方，及封題誤；若造御膳，誤犯食禁；御幸舟船，誤不牢固；指斥乘輿，情理切害，及對捍制使，而無人臣之禮。

不孝：

謂告言詛詈祖父母、父母，及祖父母、父母在，別籍異財，若供養有闕；居父母喪，身自嫁娶，若作樂釋服從吉；聞祖父母、父母喪，匿不舉哀；詐稱祖父母、父母死。

不睦：

謂謀殺及賣緦麻以上親，毆告夫及大功以上尊長、小功尊屬。

不義：

謂殺本屬府主、刺史、縣令、見受業師，吏卒殺本部五品以上官長，及聞夫喪匿不舉哀，若作樂釋服從吉及改嫁。

內亂：

謂姦小功以上親、父祖妾，及與和者。

八議

議親：

謂皇帝袒免以上親，及太皇太后、皇太后緦麻以上親，皇后小功以上親。

議故：

謂故舊。

議賢：

謂有大德行。

議能：

謂有大才業。

議功：

謂有大功勳。

議貴：

謂職事官三品以上，散官二品以上，及爵一品者。

議勤：

謂有大勤勞。

議賓：

謂承先代之後，爲國賓者。

贖刑 附

諸牧民官，公罪之輕者，許罰贖。

諸職官犯夜者，贖。

諸年老七十以上，年幼十五以下，不任杖責者，贖。

諸罪人癃篤殘疾，有妨科決者，贖。

衞禁

諸掌宿衞，三日一更直，掌四門之鑰，昏閉晨啓，毋敢不愼。諸欲言事人，闌入宮殿，呼冀上聞，杖一百七，發元籍。諸擅帶刀闌入殿庭者，杖八十七，流遠。諸登皇城角樓，因爲盜者，處死。諸闌入禁衞，盜金玉寶器者，處死。諸輒入禁苑，盜殺官獸者，爲首杖八十七，徒二年，爲從減一等，並刺字；知見不首者，笞四十七；掌門衞受財縱放者，五十七；坐鋪守把軍人不訶問，二十七。諸漢人、南人投充宿衞士，總宿衞官輒收納之，並坐罪。諸大都、上都諸城門，夜有急務須出入者，遣官以夜行象牙圓符及織成聖旨啓門，門尉辯驗明白，乃許啓。雖有牙符而無織成聖旨者，不以何人，並勿啓，違者處死。

職制〔上〕〔三〕

諸官府印章，長官掌收，次官封之，差故卽以牒發次官，次其下者第封之，不得付其私人。諸郡縣城門鎖鑰，並從有司掌之。諸有司，凡薦舉刑名出納等文字，非有故，並須圓署行之。諸職官到任，距上司百里之內者公參，百里之外者免；上司輒非理徵會，稽失公務者，禁之。諸內外百司呈署文字，並須由下而上論定而後行之。諸省府以下百司，凡行公務，置朱銷簿，按治官以時考之。諸職官公坐，同職者以先到任居上，輒越次而坐者，正之。諸有司公事，各官連銜申稟其上司者，並自書其名。有故，從對讀首領官代書之，具述其故於名下，曹吏輒代書其名者，罪之。諸職官受代聽除之處，從所便，具載解由。私赴都者，禁之。諸有司案牘籍帳，編次架閣。各路，提控案牘兼架閣庫官與經歷、知事同掌之；散府州縣，知事、提控案牘、都吏目、典史掌之。任滿相沿交割，毋敢不愼。諸樞密院行省文卷，除軍數及邊關兵機不在考閱，餘並從監察御史考閱之。諸職官承上司他委，所治闕官者，許回申。不得擅令首領官吏攝事。諸職官押運官物赴都，除常所不差者，餘並置籍輪差。徇私不均者，罪其上司。諸吏員遷調，廉訪司書吏、奏差避道，路府州縣吏避貫。諸有司遺失印信，隨即尋獲者，罰俸一月；追尋不獲者，具申禮部別鑄。元掌印官解職坐罪，非獲元印，不得給由求敍。諸毁匿邊關文字者，流。諸蒙古人居官犯法，論罪既定，必擇蒙古官斷之，行杖亦如之。諸四怯薛及諸王、駙馬、蒙古、色目之人，犯姦盜詐僞，從大宗正府治之。諸以親女獻當路權貴求進用，已得者追奪所受命，仍沒入其家。諸官吏在任，與親戚故舊及禮應追往之人追往者聽，餘並禁之。諸職官到任，輒受所部贄見儀物，比受贓減等論。諸職官受部民事後致謝食用之物者，笞二十七，記過。諸上司及出使官，於使所受其燕饗餽遺者，准不枉法減二等論，經過而受者各減一等，從臺憲察之。諸職官及有出身人，因事受財枉法者，除名不敍；不枉法者，殿三年；再犯不敍，無祿者減一等。以至元鈔爲則，枉法：一貫至十貫，笞四十七，不滿貫者，量情斷罪，依例除名；一十貫以上至二十貫，五十七；二十貫以上至五十貫，杖七十七；〔五十貫以上至一百貫，八十七〕；一百貫之上，一百七。〔三〕不枉法：一貫至二十貫，笞四十七，本等敍，不滿貫者，量情斷罪，解見任，別行求仕；二十貫以上至五十貫，五十七，注邊遠一任；五十貫以上至一百貫，杖六十七，降一等；一百貫以上至一百五十貫，七十七，降二等；一百五十貫以上至二百貫，八十七，降三等；二百貫以上至三百貫，九十七，降四等；三百貫以上，一百七，除名不敍。諸內外百司官吏，受贓悔過自首，無不盡不實者免罪，有不盡不實，止坐不盡之贓。若知人欲告而首及以贓還主，並減罪二等。聞知他處事發首者，計其日程雖不知，亦以知人欲告而首論。詭名代首者勿聽。犯人實有病故，許親屬代首。臺憲官吏受贓，不在准首之限。有司受人首告者，罪之。諸職官恐嚇有罪人求賂，未得財者，笞二十七。諸告官吏贓，有實取之者，有爲過度人所誆而官吏初不知者，有官吏已知而姑付過度之家、事畢而後取之者，有本未嘗言而故以錢物置人家、指作過度而誣陷人者，止以錢物所在坐之，與錢人俱坐。諸職官但犯贓私，有罪狀明白者，停職聽斷。諸奴賤爲官，但犯贓罪，除名。諸職官犯贓，生前贓狀明白，雖死猶責家屬納贓。諸官吏犯贓罪，遇原免，或自首免罪，過錢人卽因人致罪，不坐。　諸官吏贓罰，臺官問者歸臺，省官問者歸省。　諸職官犯贓，罪狀已明，反誣告臨問官者，斷後仍徒。　諸官吏家人受贓，減官吏法二等坐。　官吏初不知，及知卽首，官吏家人俱免；不卽首，官吏減家人法二等坐，家人依本法。　若官吏知情，故令家人受財，官吏依本法，家人免坐。　官吏實不知者，止坐家人。　諸職官受除未任，因承差而犯贓者，同見任論。　邊遠遷轉官，已任而未受文憑犯贓者，亦如之。　吏未出職受贓，既出職事發，罷所受職。　諸錢穀官吏受贓，不枉法者，止計贓論罪，不殿年敍。　諸職官受贓，聞知事發，回付到主，同知人欲告自首論，減二等科罪。　枉法者降先職三等敍，不枉法者解職別敍。　諸職官侵用官錢者，以枉法論，雖會赦，仍除名不敍。　諸職官在任犯贓，被問贓狀已明而稱疾者，停其職歸對。　諸職官所將親屬傔從，受所部財而無入己之贓，會赦還職。　諸外任牧守受贓，被問垂成，近臣奏徵入朝者，執付元問官。　諸職官犯贓在逃者，同獄成。　諸職官受贓，丁憂，終制日究問。　軍官不丁憂者，不在終制之限。　諸職官犯贓，已承伏會赦者，免罪徵贓，黜降如條；未承伏者勿論。　諸職官受贓，卽改悔還主，其主猶執告者勿論。　諸職官受財爲人請託者，計贓論罪。　諸小吏犯贓，並斷罪除名。　諸庫子等職，已有出身，無添給祿米者，不與小吏犯贓同論。　諸掾吏出身應入流，或以職官轉補，但犯贓，並同吏員坐除名。府州縣首領官非朝命者，同吏員。

諸吏員取受非眞犯者，不除名。

諸流外官越受民詞者，笞一十七，首領官二十七，記過。諸臨民官於無職田州縣，虛徵其入於民者，斷罪解職，記過。諸職官頻入茶酒市肆及倡優之家者，斷罪罷職。諸監臨官私役弓手，笞二十七，三名已上加一等。占騎弓手馬，笞一十七，並記過名。本管官吏輒應(副)〔付〕者，〔四〕各減一等。諸內外官吏疾病滿百日者，作闕，期年後仕。諸職官連犯二罪，輕罪已斷，重罪始發，罪從已斷，殿降從後發。諸有過被問，詐死逃罪者，杖六十七，有官者罷職不敍，贓多者從重論。諸行省以下大小司存長官，非理折辱其首領官者，禁之。首領官有過失，聽申上司，不得擅問。長官處決不公，首領官執覆不從，許直申上司。

諸隨朝官無故不公聚者，坐罪選待。

諸職官已受宣敕，以地遠官卑，輒稱故不赴者，奪所受命，謫種田。或在任詐稱病而去者，三年後降二等敍，其同僚徇私與文書者，降一等敍。諸受命職官，闕期已及，或有辨證勾稽喪葬疾病公私諸務，妨阻不能之任者，許具始末詣本處有司自陳，保勘給據再敍，並任元注地方。有司保勘不實者，並坐之。諸受除官員，闕次未及，輒先往任所居住守代者，從本管上司究之。諸各衙門，輒將聽除及罷閑無祿私己之人差遣者，禁。諸職官親死不奔喪，杖六十七，降先職二等，雜職敍。未終喪赴官，笞四十七，降一等，終制日敍。若有罪詐稱親喪，杖八十七，除名不敍。親久沒稱始死，笞五十七，解見任，雜職敍。凡不丁父母憂者，罪與不奔喪同。諸官吏私罪被逮，無問已招未招，罹父母大故者，聽其奔赴丁憂，終制日追問，公罪並矜恕之。諸職官父母亡，匿喪縱宴樂，遇國哀，私家設音樂，並罷不敍。諸外任官員謁告，應有假故，具曹狀報所屬，仍置籍以記之。有託故者，風憲官糾而罪之。諸官吏遷葬祖父母、父母，〔五〕給假二十日，並除馬程日七十里，限內俸錢仍給之，違限不至者勒停。諸職官任滿解由，應給而不給，不應給而給，及有過而不開寫者，罪及有司。解由到部，增損功罪不以實者，亦如之。諸罷免官吏，敍復給由而匿其過名者，罪及初給由有司。諸匿過求仕，已除事覺者，笞四十七，追奪不敍。諸職官年及致仕而不知止者，廉訪司糾黜之。諸職官被罪，理算殿年，以被問停職月日爲始。諸遠方官員親年七十以上者，許元籍有司保勘，量注近闕便養，冒濫者坐罪。諸職官沒於王事者，其應繼之人，降二等蔭敍。

諸內外百司五品以上進上表章，並以蒙古字書，毋敢不敬，仍以漢字書其副。諸內外百司，凡進賀表箋，繕寫謄籍印識各以式，其輒犯廟諱御名者，禁之。諸內外百司應出給劄付，有額設譯史者，並以蒙古字書寫。諸內外百司有兼設蒙古、回回譯史者，每遇行移及勘合文字，標譯關防，仍兼用之。諸內外百司公移，尊卑有序，各守定制，惟執政出典外郡，中部公文，書姓不書名。　諸人臣口傳聖旨行事者，禁之。　諸大小機務，必由中書，惟樞密院、御史臺、徽政、宣政諸院許自言所職，其餘不由中書而輒上聞，既上聞而又不由中書徑下所司行之者，以違制論。　所司亦不稟白而輒受以行之者，從監察御史、廉訪司糾之。　諸中書機務，有泄其議者，量所泄事，聞奏論罪。　諸省部官名隸宿衞者，晝出治事，夜入番直。　諸檢校官勾檢中書及六曹之務，其有稽違，省掾呈省論罰，部吏就錄罪名開呈。

諸行省擅役軍人營繕，雖公廨，不奏請，猶議罪。　諸行省差使軍官，非軍情者，禁之。　諸行省長官二員，給金虎符典軍，惟雲南行省官皆給符。　諸各處行省所轄軍官，軍情怠慢，從提調軍馬長官斷遣。　其餘雜犯，受宣官以上咨稟，受敕官以下就斷。　諸行省歲支錢糧，各處正官季一照勘，歲終會其成于行省，以式稽考，濫者徵之，實者籍之，總其概，咨都省臺憲官閱實之。　諸方面大臣，受金縱賊成亂者斬，僚佐受金，或阿順不能匡正，並坐罪，會赦仍除名。　諸樞密院及各省所部軍官，其麾下征者、戍者、出者、處者，饑寒不贍，役使不均，代以私人，舉債倍息，在家曰逃，有力曰乏，惟單窮是使，惟貨賄是圖，以苦士卒，以耗兵籍，百戶有罪，罪及千戶，千戶有罪，罪及萬戶。　萬戶有罪，從樞密院及行省帥府以其狀聞，隨事論罪。　諸宣徽院所抽分馬牛羊，官嚴其程期，制其供億，謹其鈐束之法，以譏察之。

其有欺官擾民者，廉訪司糾之。諸翰林院應譯寫制書，必呈中書省，共議其藁。其文卷非邊遠軍情重事，並從監察御史考閱之。諸宣政院文卷，除修佛事不在照刷外，其餘文卷及所隸內外司存，並照刷之。諸徽政院及怯憐口人匠，舊設諸府司文卷，並從臺憲照刷。

諸臺官職掌，飭官箴，稽吏課，內秩羣祀，外察行人，與聞軍國奏議，理達民庶冤辭，凡有司刑名、賦役、銓選、會計、調度、徵收、營繕、鞫勘、審讞、勾稽，及庶官廉貪，厲禁張弛，編民惸獨流移，强暴兼幷，悉糾舉之。諸行臺官，主察行省宣慰司已下諸軍民官吏之作姦犯科者，窮民之流離失業者，豪强家之奪民利者，按察官之不稱職任者，餘視內臺立法同。諸御史臺所轄各道憲司，民有冤滯赴愬于臺者，咸著于籍，歲終則會以考其各道之殿最，而黜陟之。諸臺憲所察天下官吏贓汚、欺詐、稽違，罪入于刑書者，歲會其數及其罪狀上之，藏于中書。諸內外臺，歲遣監察御史刷磨各省文卷，幷察各道廉訪司官吏臧否，官弗稱者呈臺黜罰，吏弗稱者就罷之。諸風憲，薦舉必考其最績，彈劾必著其罪狀，舉劾失當，並坐之。諸殿中侍御史，凡遇廷臣奏事，必隨入內，在廷有不可與聞之人，卽糾斥之；朝會祭祀，一切行禮，失儀越次及託故不至者，卽糾罰之；文武百官諷假事故，三日以外者，以曹狀報之。凡官府創置，百官禮任，及被差往還，報曹狀並同。諸廉訪分司官，每季孟夏初旬，出錄囚，仲秋中旬，出按治，明年孟夏中旬還。其憚遠違期、託故避事者，從監察御史劾之。

諸廉訪司分巡各路軍民，官吏有過，得罪狀明白者，六品以下牒總司論罪，五品以上申臺聞奏。諸廉訪司官，擅封點軍器庫者，笞三十七，解職別敍。諸官吏受贓，事主雖不告言，監察御史廉訪司察之，實者糾之。諸行省官及首領官受賂，隨省廉訪司察知者，上之臺，已下就問。諸行省理問所見問公事，廉訪司輒逮問者，禁之。諸職官受贓，廉訪司必親臨聽決，有必不能親臨者，摘廒品有司老成廉能正官問之。諸被按官吏，有冤抑者，詣御史臺陳理。所言實，罪被告，所言虛，罪告者，仍加等。其有故摭按問官吏以事者，禁之。諸按問職官贓，毋遽施刑，惟衆證已明而不款伏者，加刑問之，軍官則先奪所佩符而問之。諸風憲官吏但犯贓，加等斷罪，雖不枉法亦除名。諸方面之臣入覲，輒斂所部官吏俸錢備禮物者，禁之。違者罪之。

諸湖南北、江西、兩廣接境溪洞蠻獠竊發，諸監臨禁治不嚴及故縱者，軍官笞三十七，管民官二十七，並削所受階一等，記過。諸邊隅鎭守不嚴，他盜輒入境殺掠者，軍官坐罪，民官不坐。諸軍民官鎭撫邊陲，三年無嘯聚之盜者，民官減一資，軍官陞散官一階；五年無者，軍民官各陞散官一等。諸郡縣版籍，所司謹庋置之，正官相沿掌之。

諸劭農官，每歲終則上其所治農桑水利之成績于本屬上司，本屬上司會所部之成績，以上于大司農。若部，部考其勤惰成否，以上于省而殿最之。其在官怠其事，隳其法者，罪之。諸職官行田，受民戶齊斂錢者，以一多科斷。諸受財占民差徭者，以枉法論。諸額課所在，管民正官董其事，若以他故出，次官通攝之。諸額收錢糧，各處計吏，歲一詣省會之。有齊斂者，從按治官舉劾。諸郡縣歲以三限徵收稅糧，初限十月終，中限十一月終，末限十二月終。違者初限笞四十，再犯杖八十，但結攬及自願與結攬人等，並沒入其家財，仍依元科之數倍徵之。若不差正官部糧，而以權官部之，或致失陷及輸不足者，達魯花赤管民官同坐。諸州縣義倉糧數不實，監臨失舉察者，罪之。

諸職官於禁刑之日決斷公事者，罰俸一月，吏笞二十七，記過。諸有司斷諸小罪，輒以杖頭非法杖人致死，罪坐判署官吏。諸曾訴官吏之人有罪，其被訴官吏勿推。諸有司輒憑妄言帷薄私事逮繫人者，笞四十七，解職，期年後敍。諸職官得代及休致，凡有追會，並同見任。其婚姻田債諸事，止令子孫弟姪陳訴，有司輒相侵陵者究之。諸職官告吏民毀罵，非親聞者勿問，違者罪之。諸職官聽訟者，事關有服之親并婚姻之家及曾受業之師與所讎嫌之人，應迴避而不迴避者，各以其所犯坐之。有輒以官法臨決尊長者，雖會赦，仍解職降敍。

諸有司事關蒙古軍者，與管軍官約會問。諸管軍官、奧魯官及鹽運司、打捕鷹坊軍匠、各投下管領諸色人等，但犯强竊盜賊、僞造寶鈔、略賣人口、發塚放火、犯姦及諸死罪，並從有司歸問。其鬭訟、婚田、良賤、錢債、財產、宗從繼絕及科差不公自相告言者，從本管理問。若事關民戶者，從有司約會歸問，並從有司追逮，三約不至者，有司就便歸斷。諸州縣鄰境軍民相關詞訟，元告就被論官司歸斷，不在約會之例。斷不當理，許赴上司陳訴，罪及元斷官吏。諸僧、道、儒人有爭，有司勿問，止令三家所掌會問。諸哈的大師，止令掌教念經，回回人應有刑名、戶婚、錢糧、詞訟並從有司問之。諸僧人但犯姦盜詐僞，致傷人命及諸重罪，有司歸問。其自相爭告，從各寺院住持本管頭目歸問。若僧俗相爭田土，與有司約會；約會不至，有司就便歸問。諸各寺院稅糧，除前宋所有常住及世祖所賜田土免納稅糧外，已後諸人布施幷己力典買者，依例納糧。諸管民官以公事攝所部，並用信牌，其差人擾衆者，禁之。

諸掩骼埋胔，有司之職。或饑歲流莩，或中路暴死，無親屬收認，應聞有司檢覆者，檢覆既畢，就付地主鄰人收葬；不須檢覆者，亦就收葬。諸救災卹患，鄰邑之禮。歲饑輒閉糴者，罪之。〔六〕諸郡縣災傷，過時而不申，或申不以實，及按治官不以時檢踏，皆罪之。諸蟲蝗爲災，有司失捕，路官各罰俸一月，州官各笞一十七，縣官各二十七，並記過。諸水旱爲災，人民艱食，有司不以時申報賑卹，以致轉徙饑莩者，正官笞三十七，佐官二十七，各解見任，降先職一等敍。諸有司檢覆災傷，或以熟作荒，或以可救爲不可救，一頃已上者罰俸，二十頃者笞一十七，二百頃已上者笞二十七，五百頃已上笞三十七，惟以荒作熟，抑民納糧者，笞四十七，罷之。託故不行，妨誤檢覆者，笞三十七。

諸義夫、節婦、孝子、順孫，其節行卓異，應旌表者，從所屬有司舉之，監察御史廉訪司察之，但有冒濫，罪及元舉。諸賜高年帛，應受賜而有司不以實報者，正官笞四十七，解職別敍。諸州縣舉茂異秀才，非經監察御史廉訪司體察者，不得開申。

諸民犯弑逆，有司稱故不聽理者，杖六十七，解見任，殿三年，雜職敍。諸檢屍，有司故遷延及檢覆牒到不受，以致屍變者，正官笞三十七，首領官吏各四十七。其不親臨或使人代之，以致增減不實，移易輕重，及初覆檢官相符同者，正官隨事輕重論罪黜降，首領官吏各笞五十七罷之，仵作行人杖七十七，受財者以枉法論。諸有司，在監囚人因病而死，虛立檢屍文案及關覆檢官者，正官笞三十七，解職別敍。已代會赦者，仍記其過。諸職官覆檢屍傷，屍已焚瘞，止傳會初檢申報者，解職別敍。若已改除，仍記其過。

諸藩王及軍馬經過，郡縣委積館勞，並許於應給官物內支遣，隨申行省知會，或擅移易齊斂者，禁之。諸郡縣非遇聖旨令旨，諸王駙馬大臣經過，官吏並免郊迎，妨奪公務，仍不得贐以錢物，按治官常糾察之。諸職官但犯軍情違誤，受敕官各路就斷，受宣官從都省行省處分。其餘公罪，各路並不得輒斷。

諸部送囚徒，中路所次州縣，不寄囚於獄而監收旅舍，以致反禁而亡者，部送官笞二十七，還職本處，防護官笞四十七，就責捕賊，仍通記過名。　諸有司各處遞至流囚，輒主意故縱者，杖六十七，解職，降先品一等敍，刑部記過。

諸和顧和買，依時置估，對物給價。　官吏權豪，因緣結攬，營私害公者，罪之。　諸有司和買諸物，多餘估計，分受其價者，準盜官錢論，不分受，以冒估多寡論。　監臨及當該官吏詭名中納者，物價全沒之。　尅落價鈔者，準不枉法贓論。　不即支價者，臺憲官糾之。　諸職官輒以親故人事之物，爲散之民，鳩斂錢財者，計其時直，以餘利爲坐，減不枉法贓二等科罪，錢物各歸其主。　諸職官私用民力者，笞二十七，記過，追顧直給其民。　諸尅除所屬官吏俸錢，爲公用及備進上禮物，既去職者，並勿論。　諸在任官斂屬吏俸贈去官者，笞四十七，還職。　諸職官輒借騎所部內驛馬者，笞三十七，降先職一等敍，記過。　諸職官於所部非親故及理應往復之家，輒行慶弔之禮者，禁之。　違者罪之。

校勘記

〔一〕長殤九月中殤七月　按元典章卷三〇三殤服，長殤九月、中殤七月而外，尚有「下五月」，卽下殤五月，此疑脫。

〔二〕職制〔上〕　從北監本補。

〔三〕二十貫以上至五十貫杖七十七〔五十貫以上至一百貫八十七〕一百貫之上一百七　道光本與元典章卷四六諸贓、事林廣記別集卷三大元通制合，從補。

〔四〕本管官吏輒應（副）〔付〕者　從北監本改。

〔五〕諸官吏遷葬祖父母父母　按本書卷八三選舉志作「祖父母、父母喪亡並遷葬者」，元典章卷一一奔喪遷葬假限作「職官奔喪、遷葬」。此處「遷葬」上疑脫「奔喪」二字。

〔六〕歲饑輒閉糴者罪之　按文義，「閉糴」當係「閉糶」之誤。

元史卷一百三

志第五十一

刑法二

職制下

諸職官戶在軍籍，管軍官輒追逮其身者，禁之。諸中外大小軍官，不能以法撫循軍人而又害之者，從監察御史廉訪司糾察之；行省官及宣慰司元帥府官無故以軍官自衞者，亦如之。諸軍官不法，各處憲司就問之，樞府不得委官同問。諸管軍官，輒以所佩金銀符充典質者，笞五十七，降散官一等，受質者減二等。諸軍官犯贓，應罷職殿降者，上所佩符，再敍日給之。諸軍官役使軍人，萬戶八名，千戶減萬戶之半，彈壓減千戶之半，過是數者坐罪。諸軍官驅役軍人，致死非命者，量事斷罪並罷職，徵燒埋銀給苦主。諸管軍官擅放正軍，及分受雇役錢者，以枉法論，除名不敍。諸管軍官吏剋除軍人衣糧鹽菜錢，幷全未給散，會赦，刬除已招者追給，未招者免徵，未給散者給散。其私役軍人官牛，帶種官地，幷管民官占種官地，所收子粒，已招者追沒，未招者免徵。諸軍官役其出征軍人家屬，又借之錢而多取息者，並坐之。諸軍官輒縱軍人誣民以罪，嚇取錢物而分贓自厚者，計贓科罪，除名不敍。諸民間失火，鎭守軍官坐視不救，而反縱軍剽掠者，從臺憲官糾之。諸軍官輒斷民訟者，禁之，違者罪之。諸軍官挾仇犯分，輒持刃欲殺連帥者，杖六十七，解職別敍。

諸投下官吏受贓，與常選官同論。諸投下雜職犯贓罪者罷之，不以常調殿降論。諸投下妄稱上旨，影占民站，除其徭役，故縱爲民害者，杖七十七，沒其家財之半，所占民杖一百七，還元籍。諸王傅文卷，監察御史考閱，與有司同。諸位下置財賦營田等司，歲終則會；會畢，從廉訪司考閱之。諸投下輕重囚徒，並從廉訪司審錄。諸藩邸事務，大者奏裁，小者移中書，擅以敎令行者，禁之。

諸倉庾官吏與府州司縣官吏人等，以百姓合納稅糧，通同攬納，接受折價飛鈔者，十石以上，各刺面，杖一百七；十石以下，九十七；官吏除名不敍。退閑官吏、豪勢富戶、行鋪人等違犯者，十石之上，杖九十七；十石之下，八十七。其部糧官吏知情分受，笞五十七，除名不敍。有失覺察者，監臨部糧官吏，二十七；府州總部糧官吏，一十七。若能捕獲犯人者，與免本罪。若倉官人吏等盜羅官糧，與攬納飛鈔同論。知情糴買，十石以上，杖一百七；十石之下，九十七。其漕運官吏有失覺察者，驗糧數多寡治罪。其盜糶糧價，結攬飛鈔，追徵沒官，正糧於倉官，幷結攬糴買人均徵還官。諸倉庫官吏人等盜所主守錢糧，一貫以下，決五十七，至十貫杖六十七，每二十貫加一等；一百二十貫，徒一年，每三十貫加半年；二百四十貫，徒三年；三百貫處死。計贓以至元鈔爲則，諸物以當時價估折計之。諸倉庫官、知庫子、攢典、斗脚人等，侵盜移易官物，匿不舉發者，與犯人同罪；失覺察者，減犯人罪四等。諸倉庫錢糧出納，所設首領官及提舉監支納以下攢典合干人以上，互相覺察，若有違法短少，一體均陪，任內收支錢糧，正收倒除皆完，方許給由。諸典守鈔庫官，已倒昏鈔，不用退印，笞五十七，解見任。提調官失計點，笞一十七，並記過名。諸鈔庫官，輒以自己昏鈔，詭名倒換者，笞三十七，記過。諸平準行用庫倒換昏鈔，多取工墨錢，庫官知而不會分贓者，減一等，並解職別敍。主謀又受贓者，以枉法論，除名不敍。諸白紙坊典守官，私受桑楮皮折價者，計贓以枉法論，除名不敍，仍追贓，收買本色還官。諸京倉受糧，部官董之，外倉收糧，州縣長官董之。收不如法致腐敗者，按治官通究之。諸倉官委任親屬爲家丁，致盜糶官糧者，笞五十七，解職殿敍；同僚相容隱，四十七，解職。諸倉官輒翻釘官斛，多收民租，主謀者笞五十七，同僚初不知情，既知而不能改正者，三十七，並解職別敍。諸京師每日散糶官米，人止一斗，權豪勢要及有祿之家，輒糶買者，笞二十七，追中統鈔二十五貫，付告人充賞。　諸官局造作典守，輒剋除材料者，計贓以枉法論，除名不敍。　諸鹽場官勘問人致死者，從轉運司差官攝其職，發犯人歸有司。　諸運司辦課官，取受事發，辦課畢日追問；受代離職者，就問之。　諸稅務官，輒以民到務文契，枉作匿稅，私其罰錢者，以枉法論，除名不敍。　諸財賦總管淘金提舉司存，雖有護持制書，事應糺劾者，監察御史廉訪司準法行之。　諸守庫藏軍官，夜不直宿，致有盜者，笞三十七，還職。　捕盜不獲者，圍宿軍官軍人追陪所失物貨，俟獲盜徵贓給還。　若遇强劫，軍官軍人力所不及者，不在追斷之限。　諸雜造局院，輒與諸人帶造軍器者，禁之。　諸兩浙財賦府隸徵政者，掌治錢穀造作，歲終報成，以次年正月至于二月，從廉訪司稽其文書，違者糺之。　諸有司橋梁不修，道塗不治，雖修治而不牢强者，按治及監臨官究治之。　諸有司不以時修築隄防，霖雨旣降，水潦並至，漂民廬舍，溺民妻子，爲民害者，本郡官吏各罰俸一月，縣官各笞二十七，典史各一十七，並記過名。　諸漕運官，輒拘括水陸舟車，阻滯商旅者，禁之。　諸漕運官，輒受贓，縱水手人等以稻糠盜換官糧者，以枉法計贓論罪，除名不敍。　諸海道都漕運萬戶府所轄千戶已下有罪，萬戶問之；萬戶有罪，行省問之。　徇情者，監察御史廉訪司察之，漕事畢，然後廉訪司考其案犢。諸海道運糧船戶，盜糴官糧，詐稱遭風覆沒者，計贓刺斷，雖會赦，仍刺之。

諸使臣行李，脫脫禾孫及驛吏輒敢搜檢者，禁之。諸使臣行橐過重，壓損驛馬，而脫脫禾孫與使臣交贈爲好，不以法稱盤者，笞二十七，記過。諸急遞鋪，輒開所遞實封文書，妄入無名文字者，笞五十七。諸急遞鋪，每上下半月，府州判官縣主簿親臨檢視，所遞文字但有稽違、磨擦、沉匿，鋪司鋪兵即驗事重輕論罪，各路正官一員總之，廉訪司察之。其有弗職，親臨官初犯笞一十七，再犯加一等，三犯呈省別議，總提調官減親臨官一等。每季具申上司，有無稽違，仍於各官任滿日，解由開寫，而黜陟之。諸使臣輒騎懷駒馬者，取與各笞五十七，及以車易馬者，俱坐之。諸公主下嫁，迎送往還，並不得由傳置。諸使臣在城，輒騎占驛馬者禁之，違者罪之。諸驛使在道，奪回馬易所乘馬，馳至死者，償其直。若以私事故選良馬馳至死者，笞二十七，仍償其直。諸使臣多取分例，笞一十七，追所多還官，記過。使還人員，除軍情急務外，日不過三驛，驛官仍於關文標寫起止程期，違者各笞二十七，再犯罷役。諸乘驛使臣，或枉道營私，横索祗待，或訪舊逸遊，餓損馬乘，並申聞斷治。諸使臣枉道馳驛者，笞五十七；脫脫禾孫擅依隨給驛者，依例科罰。諸驛使詐改公牒，多起馬者，杖八十七；其部押官馬，輒夾帶私馬，多取草料者，幷沒入其私馬。諸朝廷軍情大事，奉旨遣使者，佩以金字圓符給驛，其餘小事，止用御寶聖旨。諸王公主駙馬亦爲軍情急務遣使者，佩以銀字圓符給驛，其餘止用御寶聖旨。若濫給者，從臺憲官糾察之。諸高麗使臣，所帶徒從，來則俱來，去則俱去，輒留中路郡邑買賣者，禁之；易馬出界者，禁之。諸出使官員，所至輒受官吏筵宴，及官吏輒相邀請，並從風憲糾察。諸使臣所過州縣，無故不得入城。有故入城者，止於公館安宿，輒宿於官民之家者，從風憲糾之。諸遣使開讀詔書，所過州郡就便開讀者聽，非所經由而輒往者禁之。若本宗事須親往者，不在此限。諸使臣所至之處，有親戚故舊，禮應追往者聽。諸受命出使還，匿給驛文字符節及錫貢之物，久不進者，杖六十七，記過。諸進表使臣，五日外不還職，托故稽留，他有營者，止所給驛，籍其姓名，罷黜之。諸出使郡國，使事之外，毋有所與，有必須上聞者，實封以聞。諸銜命出使，輒將有司刑囚審斷者，罪之。諸奉使循行郡縣，有告廉訪司官不法者，若其人嘗爲風憲所黜罷，則與監察御史雜問之，餘聽專問。諸官吏公差，輒受人贐行禮物者，隨事論罪，官還職，吏發隣道貼補。

諸捕盜，境內若失過盜賊，却獲他境盜賊，許令功過相補。如獲他境强盜，或僞造寶鈔二起，各准境內强盜一起，無强者准竊盜二起。如獲竊盜，准亦如之。如境內無失，但獲强竊盜賊，依例理賞。若應捕之人，及事主等告指捕獲者，不賞。諸捕盜官，不得差遣，違者臺憲官糾之。諸捕盜官，任內失過盜賊，除獲別境盜準折外，三限不獲，强盜三起，竊盜五起，各笞一十七；强盜五起，竊盜十起，各笞二十七；强盜十起，竊盜十五起，各笞三十七。鎮守軍官一體捕限者同罪，親民提控捕盜〔官〕，減罪二等。〔一〕其限内獲賊及半者免罪，若諸人獲盜應賞者，賞之。諸南北兵馬司，職在巡警非違，捕逐盜賊，輒理民訟者，禁之。諸南北兵馬司，罪囚八十七以下，決遣；應刺配者，就刺配之。諸各路在城錄事錄判，分番巡捕，若有失盜，止坐巡捕官。諸職官非應捕之人，告獲反賊者，陞二等用。諸告獲强盜，每名官給賞錢至元鈔五十貫，竊盜二十五貫，親獲者倍之，獲强盜至五人與一官。諸捕獲弑逆兇徒，比獲强盜給賞。諸隨處鎮守軍官軍人，親獲强竊盜賊者，減半給賞。諸都城失盜，一年不獲者，勒巡軍陪償所盜財物，其敢差占巡軍者禁之。諸捕盜官捕獲强竊盜賊，不即牒發，淹禁死亡者，杖七十七，罷職。諸盜牛馬，悔過放還者，以竊盜已行不得財論，不徵倍贓賞錢；有司輒以常盜刺斷者，以刑名違錯科罰。諸捕盜官，輒受人遞至匿名文字，枉勘平人爲盜，致囚死獄中者，杖九十七，罷職不敍；正問官六十七，降先職二等敍；首領官笞四十七，注邊遠一任；承吏杖六十七，罷役不敍；主意寫匿名文書者，杖一百七，流遠；遞送匿名文書者，減二等；受命主事遞送者，減三等。諸捕盜官搜捕逆賊，輒將平人審問蹤跡，乘怒毆之，邂逅致死者，杖六十七，解職別敍，記過，徵燒埋銀給苦主。諸捕盜官受財故縱賊囚者，與犯人同罪，已敗獲者，徒杖並減一等。諸父有罪，不坐其子；兄有罪，不坐其弟。

諸大宗正府理斷人命重事，必以漢字立案牘，以公文移憲臺，然後監察御史審覆之。

諸有司非法用刑者，重罪之。已殺之人，輒鸞割其肉而去者禁之，違者重罪之。諸鞫獄不能正其心，和其氣，感之以誠，動之以情，推之以理，輒施以大披挂及王侍郎繩索，并法外慘酷之刑者，悉禁止之。諸鞫問罪囚，除朝省委問大獄外，不得寅夜問事，廉訪司察之。諸各路推官專掌推鞫刑獄，平反冤滯，董理州縣刑名之事，其餘庶務，毋有所與，按治官歲錄其殿最，秩滿則上其事而黜陟之。凡推官若受差不聞上司，輒離職者，亦坐罪。諸處斷重囚，雖叛逆，必令臺憲審錄，而後斬於市曹。諸內外囚禁，從各路正官及監察御史廉訪司以時審錄，輕者斷遣，重者結案，其有冤滯，就糾察之。諸正蒙古人，除犯死罪，監禁依常法，有司毋得拷掠，仍日給飲食。犯眞姦盜者，解束帶佩囊，散收。餘犯輕重者，以理對證，有司勿執拘之，逃逸者監收。諸奏決天下囚，值上怒，勿輒奏。上欲有所誅，必遲回一二日，乃覆奏。諸有司因公依理決罰，邂逅身死者，不坐。諸累過不悛，年七十以上，應罰贖者，仍減等科決。諸犯罪，二罪俱發，以重者論，罪等從一。若一罪先發，已經論決，餘罪後發，其輕若等，勿論；重者，更論之，通計前罪，以充後數。諸職官輒以微故，乘怒不取招詞，斷決人邂逅致死，又誘苦主焚瘞其屍者，笞五十七，解職別敍，記過。諸鞫獄輒以私怨暴怒，去衣鞭背者，禁之。　諸鞫問囚徒，重事須加拷訊者，長貳僚佐會議立案，然後行之，違者重加其罪。諸弓兵祗候獄卒，輒毆死罪囚者，爲首杖一百七，爲從減一等，均徵燒埋銀給苦主，其枉死應徵倍贓者，免徵。諸有司輒收禁無罪之人者，正官笞一十七，記過。無招枉禁，致自縊而死者，笞三十七，期年後敍。諸有司輒將無辜枉禁，瘐死者，解職，降先品一等敍。諸有司承告被盜，輒將（景）〔警〕跡人，〔三〕非理枉勘身死，却獲正賊者，正問官笞五十七，解職，期年後，降先職一等敍；首領官及承吏，各五十七，罷役不敍；均徵燒埋銀給苦主，通記過名。諸有司受財故縱正賊，誣執非罪，非法拷訊，連逮妻子，銜冤赴獄，事未曉白，身已就死，正官杖一百七，除名，佐官八十七，降二等雜職敍，仍均徵燒埋銀。諸有司故入人罪，若未決者及囚自死者，以所入罪減一等論，入人全罪，以全罪論，若未決放，仍以減等論。諸故出人之罪，應全科而未決放者，從減等論，仍記過。諸失入人之罪者，減三等，失出人罪者減五等，未決放者又減一等，並記過。諸有司失出人死罪者，笞五十七，解職，期年後降先品一等敍，記過，正犯人追禁結案。諸有司輒將革前雜犯，承問斷遣者，以故入論。諸監臨挾仇，違法枉斷所監臨職官者，抵罪不敍。諸審囚官强愎自用，輒將蒙古人刺字者，杖七十七，除名，將已刺字去之。諸爲盜，並從有司歸問，各投下輒擅斷遣者，坐罪。諸鬬毆殺人，無輕重，並結案上省部詳讞。有司輒任情擅斷者，笞五十七，解職，期年後，降先品一等敍。諸禁囚因械梏不嚴，致反獄者，直日押獄杖九十七，獄卒各七十七，司獄及提牢官皆坐罪，百日內全獲者不坐。諸罪在大惡，官吏受贓縱令私和者，罷之。諸司獄受財，縱犯姦囚人，在禁疏枷飲酒者，以枉法科罪，除名。

諸流囚，强盜持仗不曾傷人，但得財，若得財至二十貫，爲從；不持仗，不曾傷人，得財四十貫，爲從；及竊盜，割車剜房，傷事主，爲從；不曾傷事主，但曾得財；不曾得財，內有舊賊；初犯怯烈司盜駝馬牛，爲從；略賣良人爲奴婢一人；詐雕都省、行省印；套畫省官押字，動支錢糧，干礙選法；或妄造妖言犯上：並杖一百七，流奴兒干。初犯盜駝馬牛，爲首；及盜財三百貫以上；盜財十貫以下，經斷再犯；發塚開棺傷屍，內應流者；挑剜裨湊寶鈔，以眞作僞，再犯；知情買使僞鈔，三犯：並杖一百七，發肇州屯種。諸犯罪流遠逃歸，再獲，仍流。諸流囚居役，非遇元正、寒食、重午若中路遭亂而逃，不再犯，及已老病并會赦者，釋之。諸流囚居役，非遇元正、寒食、重午等節，並勿給假。諸配役囚徒，遇閏月，通理之。諸應徒流，未行，會赦者釋之；已行未至，會赦者亦釋之。諸囚徒配役，役所停罷者，會赦，免放。諸有罪，奉旨流遠，雖會赦，非奏請不得放還。諸徒罪，晝則帶鐐居役，夜則入囚牢房。其流罪發各處屯種者，止令監臨關防屯種。諸流遠囚徒，惟女直、高麗二族流湖廣，餘並流奴兒干及取海青之地。諸徒罪，無配役之所者，發鹽司居役。諸主守失囚者，減囚罪三等，長押流囚官中路失囚者，視提牢官減主守罪四等，既斷還職。 諸大小刑獄應監繫之人，並送司獄司，分輕重監收。 諸掌刑獄，輒縱囚徒在禁飲博，及帶刀刃紙筆陰陽文字入禁者，罪之。

諸獄具，枷長五尺以上，六尺以下，闊一尺四寸以上，一尺六寸以下，〔三〕死罪重二十五斤，徒流二十斤，杖罪一十五斤，皆以乾木爲之，長闊輕重各刻誌其上。 杻長一尺六寸以上，二尺以下，横三寸，厚一寸。 鎖長八尺以上，一丈二尺以下，鐐連（環）〔鐶〕重三斤。〔四〕笞大頭徑二分七釐，小頭徑一分七釐，罪五十七以下用之。 杖大頭徑三分二釐，小頭徑二分二釐，罪六十七以上用之。 訊杖大頭徑四分五釐，小頭徑三分五釐，長三尺五寸，並刋削節目，無令筋膠諸物裝釘。 應決者，並用小頭，其決笞及杖者，臀受；拷訊者，臀若股分受，務令均停。

諸郡縣佐貳及幕官，每月分番提牢，三日一親臨點視，其有枉禁及淹延者，卽舉問。 月終則具囚數牒次官，其在上都囚禁，從留守司提之。 諸南北兵馬司，每月分番提牢，仍令提控案牘兼掌囚禁。 諸鹽運司監收鹽徒，每月佐貳官分番董視，與有司同。

諸內郡官仕雲南者，有罪依常律；土官有罪，罰而不廢。 諸左右兩江所部土官，輒興兵相讎殺者，坐以叛逆之罪。其有妄相告言者，以其罪罪之。有司受財妄聽者，以枉法論。諸土官有能愛撫軍民，境內寧謐者，三年一次，保勘陞官。 其有勳勞，及應陞賞承襲，文字至帥府，輒非理疏駁，故爲難阻者，罷之。

祭令

諸國家有事于郊廟，凡獻官及百執事之人，受誓戒之後，散齊宿於正寢，致齊於祀所。散齊日治事如故，不弔喪問疾，不作樂，不判署刑殺文字，不決罰罪人，不與穢惡事。致齊日惟祀事得行，餘悉禁之。諸嶽鎭名山，國家之所秩祀，小民輒僭禮犯義，以祈禱褻瀆者，禁之。諸五嶽、四瀆、五鎭，國家秩祀有常，諸王公主駙馬輒遣人降香致祭者，禁之。諸郡縣宣聖廟，凡官員使臣軍馬，輒敢舘穀於內，有司輒敢聽訟宴飲於內，工官輒敢營造於內，並行禁之。諸書院同。諸每月朔望，郡縣長吏率其參佐僚屬，詣孔子廟拜謁禮畢，從學官升堂講說。其鄉村市鎭，亦擇有學問德行，可爲師長者，於農隙之時，以敎導民。其有視爲迂緩而不務者，糾之。

學規

諸蒙古、漢人國子監學官任內，驗其敎養出格生員多寡，以爲陞遷。博士敎授有闕，從監察御史舉之，其不稱職者黜之，坐及元舉之官。諸國子生悖慢師長、及行禮失儀、言行不謹、講誦不熟、功課不辦、無故廢學、有故不告輒出、告假違限、執事失悞、忿戾鬬爭，並委正、錄糾舉。除悖慢師長別議，餘者初犯戒諭，再犯、三犯約量責罰。其厨人、僕夫、門子，常切在學，供給使令，違者就便決責。諸國學居首善之地，六舘諸生，以次陞齋，毋或躐等。其有未應陞而求陞，及曾犯學規者，輕者降之，重者黜之。其敎之不以道者，監察御史糾之。諸國子監私試積分生員，其有不事課業，及一切違戾規矩，初犯罰一分，再犯罰二分，三犯除名。已補高等生員，其有違戾規矩，初犯殿試一年，再犯除名，並從學正、錄糾舉。正、錄知見不糾舉者，從本監議罰。在學生員，歲終實歷坐齋不滿半周歲者，並除名。除月假外，其餘告假，不用準算，學〔正〕、錄歲終通行考較。〔五〕漢人生員，三年不能通一經，及不肯篤勤者，勒令出學。諸奎章閣授經郞生員，每月朔望上弦下弦，給假四日；當入宿衞者，給假三日；餘有故須請假者，於授經郞稟說，附曆給假。無故不入學，第一次罰當日會食，第二次於師席前罰拜及當日會食，第三次於學士院及師席前罰拜及當日會食，三次不改，奏聞懲戒黜退。

諸隨路學校，計其錢糧多寡，養育生徒，提調正官時一詣學督視，必使課講有程，訓迪有法，賞勤罰惰，作成人材，其學政不舉者究之。諸敎官在任，侵盜錢糧，荒廢廟宇，敎養無實，行止不臧，有忝師席，從廉訪司糾之；任滿，有司輒朦朧給由者究之。諸贍學田土，學官職吏或賣熟爲荒，減額收租，或受財縱令豪右占佃，陷沒兼幷，及巧名冒支者，提調官究之。　諸貧寒老病之士，必爲衆所尊敬者，保申本路體覆無異，下本學養贍，仍移廉訪司察之；但有冒濫，從提調官改正。　諸各處學校，爲講習作養之地，有司輒侵借其錢糧者，禁之。　教官不稱職者，廉訪司糾之。　諸在任及已代教官，輒擕家入學，褻瀆居止者，從廉訪司糾之。

諸各路醫學大小生員，不令坐齋肄業，有名無實，及在學而訓誨無法，課講鹵莽，苟應故事者，教授、正、錄、提調官罰俸有差。　諸醫人於十三科內，不能精通一科者，不得行醫。太醫院不精加考試，輒以私妄舉充隨朝太醫及內外郡縣醫官，內外郡縣醫學不依法考試，輒縱人行醫者，並從監察御史廉訪司察之。

軍律

諸軍官離職，屯軍離營，行軍離其部伍者，皆有罪。　諸軍官不得擅離部署。　赴闕言事，有必合言者，實封附遞以聞。　諸隨處軍馬，有久遠營屯，或時暫經過，並從官給糧食，輒妨擾農民，阻滯客旅者，禁之。　諸臨陣先退者，處死。　諸統軍捕逐寇盜，分守要害，約相爲聲援，稽留失期，致殺死將士，仍不卽追襲者，處死，雖會赦，罷職不敍。　諸軍民官，鎮守邊陲，帥兵擊賊，紀律無統，變易號令，背約失期，形分勢格，致令破軍殺將，或未戰逃歸，或棄城退走，復能建招徠之功者，減其罪，無功者，各以其罪罪之。諸防戍軍人於屯所逃者，杖一百七，再犯者處死。若科定出征，逃匿者，斬以徇。諸軍戶貧乏已經存恤而復逃者，杖八十七，發遣當軍。隱藏者減二等，兩隣知而不首者，又減隱藏罪二等。諸軍戶告乏求替者，從有司覆實之，其詐妄者，廉訪司究之。諸各衞扈從漢軍，每戶選練習壯丁一人常充，仍於貼戶內選兩人輪番供役，其有故必合替換者，自萬戶至于百戶，相視所換之可用，然後用之。百戶、千戶、萬戶私換者，驗名數多寡，論罪解降。諸管軍官吏，受錢代替軍空名者，驗入己錢數，以枉法科罪除名。令兄弟子姪驅丁代替者，驗名數多寡，論罪解降。諸軍馬征伐，虜掠良民，兇徒射利，略賣人口，或自賊殺，或以病亡棄屍道路，暴骸溝壑者，嚴行禁止。

戶婚

諸匠戶子女，使男習工事，女習黹繡，其輒敢拘刷者，禁之。諸係官當差人戶，非奉朝省文字，輒投充諸王及各投下給使者，論罪。諸僧道還俗，兄弟析居，奴放爲良，未入于籍者，應諸王諸子公主駙馬毋拘藏之。民有敢隱藏者，罪之。諸庶民有妄以漏籍戶及土田，於諸王公主駙馬呈獻者，論罪；諸投下輒濫收者，亦罪之。諸官吏占人戶供給私用者，治罪。

諸有司治賦斂急，致貧民鬻男女爲輸者，追還所鬻男女，而正有司罪，價勿償。諸生女溺死者，沒其家財之半以勞軍。首者爲奴，卽以爲良。有司失舉者，罪之。諸民戶流移，所在有司起遣復業，輒以闌遺人收之者，禁之。諸鰥寡孤獨，老弱殘疾，窮而無告者，於養濟院收養。應收養而不收養，不應收養而收養者，罪其守宰，按治官常糾察之。諸被災流民，有司招諭復業。其年深不能復業及失所在者，蠲其賦。輒抑民包納者，從臺憲官糾之。諸年穀不熟，人民轉徙，所至既經賑濟，復聚黨持仗，剽劫財物，毆傷平民者，除孤老殘疾不能自贍，任便居住，有司依前存養，其餘有子弟者，驗其家口，計程遠近，支與行糧，次第押還元籍，沿路復爲民害者，從所在有司斷遣。

諸蒙古、回回、契丹、女直、漢人軍前所俘人口，留家者爲奴婢，居外附籍者卽爲良民，已居外復認爲奴婢者，沒入其家財。諸收捕叛亂軍人，掠取生口，並從按治官及軍民官一同審閱，實爲賊黨妻屬者，給公據付之，無公據者，以掠良民之罪罪之。諸群盜降附，以所劫掠男女，充收捕官饋獻者，勿受，仍還爲民。無親屬可收係者，使男女相配，聽爲民。其留賊所者，悉縱之。諸收到被掠婦人，忘其鄉里，幷無親屬可歸者，有司與之嫁聘，所得聘財，與資粧束。諸軍民官輒隱藏降附人民，不令復業者，罪之。諸籍沒人口，元主私典賣者，追收入官，徵價還主。諸投下官員，招占已籍係官民匠戶計者，沒其家財，所占戶歸本籍。諸投下所籍戶，令出五戶絲，餘悉勿與。其有横斂於民，從臺憲究之。

諸願棄俗出家爲僧道，若本戶丁多，差役不闕，及有兄弟足以侍養父母者，於本籍有司陳請，保勘申路，給據簪剃，違者斷罪歸俗。諸河西僧人有妻子者，當差發、稅糧、鋪馬、次舍與庶民同。其無妻子者，蠲除之。諸父母在，分財異居，父母困乏，不共子職，及同宗有服之親，鰥寡孤獨，老弱殘疾，不能自存，寄食養濟院，不行收養者，重議其罪。親族亦貧不能給者，許養濟院收錄。

諸典賣田宅，從有司給據立契，買主賣主隨時赴有司推收稅糧。若買主權豪，官吏阿徇，不即過割，止令賣主納稅，或爲分派別戶包納，或爲立詭名，但受分文之贓，笞五十七，仍於買主名下，驗元價追徵，以半沒官，半付告者。首領官及所掌吏，斷罪罷役。諸典賣田宅，須從尊長書押，給據立帳，歷問有服房親，及隣人典主，不願交易者，限十日批退，違限不批退者，笞一十七。願者限十五日議價，立契成交，違限不酬價者，笞二十七。任便交易，親隣典主故相邀阻，需求書字錢物者，笞二十七。業主虛張高價，不相由問成交者，笞三十七，仍聽親隣典主百日收贖，限外不得爭訴。業主欺昧，故不交業者，笞四十七。親隣典主在他所者，百里之外，不在由問之限。若違例事覺，有司不以理聽斷者，監察御史廉訪司糾之。諸軍官軍人不歸營屯，到任官員不歸官舍，往來使臣不歸舘驛，輒於民家居止，爲民害者，行省行臺起遣究治。到任官無官舍，出私錢僦居者聽。諸造謀以已賣田宅，誣買主占奪，脅取錢物者，計贓論罪，仍红泥粉壁書過于門。諸婚田訴訟，必於本年結絕，已經務停而不結絕者，從廉訪司及本管上司，正官吏之罪。累經務停，而不結絕者，卽與歸結，不在務停之限，違者罪亦如之。其所爭田內租入，納稅之外，並從有司收貯，斷後隨田給付。

諸以女子典雇於人，及典雇人之子女者，並禁止之。若已典雇，願以婚嫁之禮爲妻妾者，聽。諸受錢典雇妻妾者，禁。其夫婦同雇而不相離者，聽。諸受財嫁賣妻妾，及過房弟妹者，禁。諸乞養過房男女者，聽；轉賣爲奴婢者，禁之。奴婢過房良民者，禁之。諸守宰抑取部民男女爲奴婢者，杖七十七，期年後降二等雜職敍。諸妄認良人爲奴，非理殘虐者，杖八十七，有官者罷之。諸訴良得實，給據居住，候元籍親屬收領，無親屬者聽令自便。諸奴婢背主在逃，杖七十七。

諸男女議婚，有以指腹割衿爲定者，禁之。諸嫁娶之家，飮食宴好，求足成禮，以華侈相尙，暮夜不休者，禁之。諸男女婚姻，媒氏違例多索聘財，及多取媒利者，諭衆決遣。

諸女子已許嫁而未成婚，其夫家犯叛逆，應沒入者，若其夫爲盜及犯流遠者，皆聽改嫁。已成婚有子，其夫雖爲盜受罪，勿改嫁。

諸男女既定婚，其女犯姦事覺，夫家欲棄，則追還聘財，不棄則減半成婚。若夫家輒詭以風聞姦事，恐脅成親者，笞五十七，離之。

諸遭父母喪，忘哀拜靈成婚者，杖八十七，離之，有官者罷之，仍沒其聘財，婦人不坐。

諸服內定婚，各減服內成親罪二等，仍離之，聘財沒官。

諸有女許嫁，已報書及有私約，或已受聘財而輒悔者，笞三十七；更許他人者，笞四十七；已成婚者，五十七；後娶知情者，減一等，女歸前夫。男家悔者，不坐，不追聘財，五年無故不娶者，有司給據改嫁。

諸有女納壻，復逐壻，納他人爲壻者，杖六十七。後壻同其罪，女歸前夫，聘財沒官。

諸職官娶娼爲妻者，笞五十七，解職，離之。

諸有妻妾，復娶妻妾者，笞四十七，離之。在官者，解職記過，不追聘財。

諸先通姦被斷，復娶以爲妻妾者，雖有所生男女，猶離之。

諸轉嫁已歸未成婚男婦者，杖六十七，婦歸宗，聘財沒官。

諸受財以妻轉嫁者，杖六十七，追還聘財；娶者不知情，不坐，婦人歸宗。

諸以書幣娶人女爲妾，復受財轉嫁他人者，笞五十七，聘財沒官，妾歸宗，有官者罷之。

諸僧道悖教娶妻者，杖六十七，離之，僧道還俗爲民，聘財沒官。

諸典賣佃戶者，禁。佃戶嫁娶，從其父母。

諸兄收弟婦者，杖一百七，婦九十七，離之。雖出首，仍坐。主婚笞五十七，行媒三十七。

諸居父母喪，姦收庶母者，各杖一百七，離之，有官者除名。　諸漢人、南人，父沒子收其庶母，兄沒弟收其嫂者，禁之。　諸姑表兄弟嫂叔不相收，收者以姦論。　諸奴收主妻者，以姦論；强收主女者，處死。　諸爲子輒以亡父之妾與人，人輒受而私之，與者杖七十七，受者笞五十七。　諸受財强嫁所監臨妻，以枉法論，杖七十七，除名，追財沒官，妻還前夫。　諸良家女願與人奴爲婚者，卽爲奴婢。　娶良家女爲妻，以爲奴婢賣之者，卽改正爲良，賣主買主同罪，價沒官。　諸以童養未成婚男婦，轉配其奴者，笞五十七，婦歸宗，不追聘財。　諸逃奴有女，嫁爲良人妻，已有男女，而本主覺察者，追其聘財歸本主，婦人不離。　諸棄妻，已歸宗改嫁者，從其後夫。　諸棄妻改嫁，後夫亡，復納以爲妻者，離之。　諸夫婦不相睦，賣休買休者禁之，違者罪之，和離者不坐。　諸出妻妾，須約以書契，聽其改嫁。　以手模爲徵者，禁之。　諸婦人背夫、棄舅姑出家爲尼者，杖六十七，還其夫。　諸賣買良人爲倡，賣主買主同罪，婦還爲良，價錢半沒官，半付告者。　或婦人自陳，或因事發覺，全沒入之。　良家婦犯姦，爲夫所棄，或倡優親屬，願爲倡者聽。　諸倡女孕，勒令墮胎者，犯人坐罪，倡放爲良。　諸勒妻妾爲倡者，杖八十七。　以乞養良家女，爲人歌舞，給宴樂，及勒爲倡者，杖七十七，婦人並歸宗。　勒奴婢爲倡者，笞四十七，婦人放從良。　諸受財縱妻妾爲倡者，本夫與姦婦姦夫各杖八十七，離之。　其妻妾隨時自首者，不坐；若日月已久，纔自首者，勿聽。

校勘記

〔一〕親民提控捕盜〔官〕減罪二等　據上下文及元典章卷五一失盜的決不罰俸補。

〔二〕（景）〔警〕跡人　道光本與元典章合，從改。

〔三〕枷長五尺以上六尺以下闊一尺四寸以上一尺六寸以下　事林廣記別集卷三大元通制在「一尺六寸以下」之下尚有「厚二寸以下，一寸八分以上」十一字，此疑脫。

〔四〕鐐連（環）〔鐶〕重三斤　據事林廣記別集卷三大元通制改。

〔五〕學〔正〕錄歲終通行考較　本書卷八一選舉志作「學正、錄歲終通行考校」，據補。

元史卷一百四

志第五十二

刑法三

食貨

諸犯私鹽者，杖七十，徒二年，財產一半沒官，於沒物內一半付告人充賞。鹽貨犯界者，減私鹽罪一等。提點官禁治不嚴，〔一〕初犯笞四十，再犯杖八十，本司官與總管府官一同歸斷，三犯聞奏定罪。如監臨官及竈戶私賣鹽者，同私鹽法。諸僞造鹽引者斬，家產付告人充賞。失覺察者，鄰佑不首告，杖一百。商賈販鹽，到處不呈引發賣，及鹽引數外夾帶，鹽引不相隨，並同私鹽法。鹽已賣，五日內不赴司縣批納引目，杖六十，徒一年，因而轉用者同賣私鹽法。犯私鹽及犯界斷後，發鹽場充鹽夫，帶鐐居役，役滿放還。諸給散煎鹽竈戶工本，官吏通同剋減者，計贓論罪。諸大都南北兩城關廂，設立鹽局，官爲發賣，其餘州縣鄉村並聽鹽商興販。　諸賣鹽局官、煎鹽竈戶、販鹽客旅行鋪之家，輒插和灰土硝鹻者，笞五十七。　諸蒙古人私煮鹽者，依常法。　諸犯私鹽，會赦，家產未入官者，革撥。　諸私鹽再犯，加等斷徒如初犯，三犯杖斷同再犯，流遠，婦人免徒，其博易諸物，不論巨細，科全罪。　諸轉買私鹽食用者，笞五十七，不用斷沒之令。　諸捕獲私鹽，止理見發之家，勿聽攀指平民。有權貨，無犯人，以權貨解官；無權貨，有犯人，勿問。　諸巡捕私鹽，非承告報明白，不得輒入人家搜檢。　諸犯私鹽，被獲拒捕者，斷罪流遠，因而傷人者處死。　諸巡鹽軍官，輒受財脫放鹽徒者，以枉法計贓論罪，奪所佩符及所受命，罷職不敍。

諸茶法，客旅納課買茶，隨處驗引發賣畢，三日內不赴所在官司批納引目者，杖六十；因而轉用，或改抹字號，或增添夾帶斤重，及引不隨茶者，並同私茶法。　但犯私茶，杖七十，茶一半沒官，一半付告人充賞，應捕人同。　若茶園磨戶犯者，及運茶船主知情夾帶，同罪。〔三〕有司禁治不嚴，致有私茶生發，罪及官吏。　茶過批驗去處，不批驗者，杖七十。　其僞造茶引者斬，家產付告人充賞。　諸私茶，非私自入山採者，不從斷沒法。

諸產金之地，有司歲徵金課，正官監視人戶，自執權衡，兩平收受。　其有巧立名色，廣取用錢，及多秤金數，剋除火耗，爲民害者，從監察御史廉訪司糾之。

諸出銅之地，民間敢私鍊者禁之。

諸鐵法，無引私販者，比私鹽減一等，杖六十，鐵沒官，內一半折價付告人充賞。僞造鐵引者，同僞造省部印信論罪，官給賞鈔二錠付告人。監臨正官禁治私鐵不嚴，致有私鐵生發者，初犯笞三十，再犯加一等，三犯別議黜降。客旅赴治支鐵引後，不批月日出給，引鐵不相隨，引外夾帶，鐵沒官。鐵已賣，十日內不赴有司批納引目，笞四十；因而轉用，同私鐵法。凡私鐵農器鍋釜刀鎌斧杖及破壞生熟鐵器，不在禁限。江南鐵貨及生熟鐵器，不得於淮、漢以北販賣，違者以私鐵論。

諸衞輝等處販賣私竹者，竹及價錢並沒官，首告得實者，於沒官物約量給賞。犯界私賣者，減私竹罪一等。若民間住宅內外并闌檻竹不成畝，本主自用外貨賣者，依例抽分。有司禁治不嚴者罪之，仍於解由內開寫。

諸私造唆魯麻酒者，同私酒法，杖七十，徒二年，財產一半沒官，有首告者，於沒官物內一半給賞。諸蒙古、漢軍輒醞造私酒醋麯者，依常法。諸犯禁飲私酒者，笞三十七。諸犯界酒，十瓶以下，罰中統鈔一十兩，笞二十，七十瓶以上，罰鈔四十兩，笞四十七，酒給元主。酒雖多，罰止五十兩，罪止六十。

諸匿稅者，物貨一半沒官，於沒官物內一半付告人充賞，但犯笞五十，入門不弔引，同匿稅法。諸辦課官，估物收稅而輒抽分本色者，禁之。其監臨官吏輒於稅課務求索什物者，以盜官物論，取與同坐。　諸辦課官所掌應稅之物，並三十分中取一，輒冒估直，多收稅錢，別立名色，巧取分例，及不應收稅而收稅者，各以其罪罪之，廉訪司常加體察。　諸在城及鄉村有市集之處，課稅有常法。　其在城稅務官吏，輒於鄉村妄執經過商賈匿稅者，禁之。　諸辦課官，侵用增餘稅課者，以不枉法贓論罪。　諸職官，印契不納稅錢者，計應納稅錢，以不枉法論。

諸市舶金銀銅錢鐵貨、男女人口、絲綿段匹、銷金綾羅、米糧軍器等，不得私販下海，違者舶商、船主、綱首、事頭、火長各杖一百七，船物沒官，有首告者，以沒官物內一半充賞，廉訪司常加糾察。　諸市舶司於回帆物內，三十分抽稅一分，輒以非理受財者，計贓，以枉法論。　諸舶商、大船給公驗，小船給公憑，每大船一，帶柴水船、八櫓船各一，驗憑隨船而行。或有驗無憑，及數外夾帶，即同私販，犯人杖一百七，船物並沒官，內一半付告人充賞。　公驗內批寫物貨不實，及轉變滲泄作弊，同漏舶法，杖一百七，財物沒官；舶司官吏容隱，斷罪不敍。　諸番國遣使奉貢，仍具貢物，報市舶司稱驗，若有夾帶，不與抽分者，以漏舶論。諸海門鎮守軍官，輒與番邦回舶頭目等人，通情滲泄舶貨者，杖一百七，除名不敍。　諸中賣寶貨，耗蠹國財者，禁之。　諸雲南行使𧴩法，官司商賈輒以他𧴩入境者，禁之。

大惡

諸大臣謀危社稷者誅。諸無故議論謀逆，爲倡者處死，和者流。諸潛謀反亂者處死，安主及兩隣知而不首者同罪，內能悔過自首者免罪給賞，不應捕人首告者官之。諸謀反已有反狀，爲首及同情者陵遲處死，爲從者處死，知情不首者減爲從一等流遠，並沒入其家。其相須連坐者，各以其罪罪之。諸父謀反，子異籍不坐。諸謀反事覺，捕治得實，行省不得擅行誅殺，結案待報。諸匿反叛不首者，處死。諸妖言惑衆，嘯聚爲亂，爲首及同謀者處死，沒入其家；爲所誘惑相連而起者，杖一百七。諸假託神異，狂謀犯上者，處死。諸亂言犯上者處死，仍沒其家。諸指斥乘輿者，非特恩，必坐之。諸妄撰詞曲，誣人以犯上惡言者，處死。諸職官輒指斥詔旨亂言者，雖會赦，仍除名不敍。

諸子孫弑其祖父母、父母者，陵遲處死，因風狂者處死。諸醉後毆其父母，父母無他子，告乞免死養老者，杖一百七，居役百日。諸子弑其繼母者，與嫡母同。諸部內有犯惡逆，而隣佑、社長知而不首，有司承告而不問，皆罪之。諸子弑其父母，雖瘐死獄中，仍支解其屍以徇。諸毆傷祖父母、父母者，處死。諸謀殺已改嫁祖母者，仍以惡逆論。諸挾仇毆死義父，及殺傷幸獲生免者，皆處死。諸圖財殺傷義母者，處死。諸爲人子孫，或因貧困，或信巫覡説誘，發掘祖宗墳墓，盗其財物，賣其塋地者，驗輕重斷罪。移棄屍骸，不爲祭祀者，同惡逆結案。買者知情，減犯人罪二等，價錢沒官；不知情，臨事詳審，有司仍不得出給賣墳地公據。　諸爲人子孫，爲首同他盗發掘祖宗墳墓，盗取財物者，以惡逆論，雖遇大赦原免，仍刺字徙遠方屯種。　諸婦毆舅姑者，處死。　諸因姦毆死其夫及其舅姑者，陵遲處死。　諸弟殺其兄者，處死。　諸父子同謀殺其兄，欲圖其財而收其嫂者，父子並陵遲處死。　諸兄因爭，毆其弟，弟還毆其兄，邂逅致死，會赦，仍以故殺論。　諸嫂叔爭，殺死其嫂者，處死。　諸因爭虐殺其兄者，雖死仍戮其屍。　諸因爭移怒，戳傷其兄者，於市曹杖一百七，流遠。　諸挾仇毆死其伯叔母者，處死。　諸因爭，兄弟同謀毆死諸父者，皆處死。　諸挾仇，故殺其從父，偶獲生免者，罪與已死同。　諸妻因爭，殺其夫者，處死。　諸婦人問醫人買毒藥殺其夫者，醫人同處死。　諸妻殺傷其夫，幸獲生免者，同殺死論。　諸壻因醉，殺其婦翁，偶獲生免者，罪與已死同。

諸奴殺傷本主者，處死。　諸奴詬詈其主不遜者，杖一百七，居役二年，役滿日歸其主。　諸奴故殺其主者，陵遲處死。　諸奴毆死主壻者，處死。

諸挾仇殺傷人一家，俱獲生免者，與已死同。　其同謀悔過不至者，減等論。　諸以姦盡殺其母黨一家者，陵遲處死。　諸兄挾仇，與子同謀殺其弟一家者，皆處死。

諸支解人，煮以爲食者，以不道論，雖瘐死，仍徵燒埋銀給苦主。諸魘魅大臣者，處死。諸妻魘魅其夫，子魘魅其父，會大赦者，子流遠，妻從其夫嫁賣。諸造蠱毒中人者，處死。諸採生人支解以祭鬼者，陵遲處死，仍沒其家產。其同居家口，雖不知情，並徙遠方。已行而不曾殺人者，比强盜不曾傷人、不得財，杖一百七，徒三年。〔三〕謀而未行者，九十七，徒二年半。其應死之人，能自首，或捕獲同罪者，給犯人家產，應捕者減半。

姦非

諸和姦者，杖七十七；有夫者，八十七。誘姦婦逃者，加一等，男女罪同，婦人去衣受刑。未成者，減四等。强姦有夫婦人者死，無夫者杖一百七，未成者減一等，婦人不坐。其媒合及容止者，各減姦罪三等，止理見發之家，私和者減四等。諸指姦不坐。諸無夫婦人有孕，稱與某人姦，即同指姦，罪止本婦。諸宿衞士與宮女姦者，出軍。諸翁欺姦男婦，已成者處死，未成者杖一百七，男婦歸宗。和姦者皆處死。男婦虛執翁姦已成，有司已加翁拷掠，男婦招虛者，處死；虛執翁姦未成，已加翁拷掠，男婦招虛者，杖一百七，發付夫家從其嫁賣。婦告或翁告同。若男婦告翁强姦已成，却問得翁欲欺姦未成，男婦妄告重事，笞三十七，歸宗。諸欺姦義男婦，杖一百七，欺姦不成，杖八十七，婦並不坐。婦及其夫異居當差，雖會赦，仍異居。　諸男婦與姦夫謀誣翁欺姦，買休出離者，杖一百七，從夫嫁賣，姦夫減一等，買休錢沒官。　諸與弟妻姦者，各杖一百七，姦夫流遠，姦婦從夫所欲。　諸嫂寡守志，叔强姦者，杖九十七。　諸與同居姪婦姦，各杖一百七，有官者除名。　諸强姦姪婦未成者，杖一百七。　諸與兄弟之女姦，皆處死；與從兄弟之女姦，減一等；與族兄弟之女姦，減二等。　諸居父母喪欺姦父妾者，各杖九十七，婦人歸宗。　諸姦私再犯者，罪加二等，婦人聽其夫嫁賣。　諸因姦偸遞家財，止以姦論。　諸雇人之妻爲妾，年滿而歸，雇主復與通，即以姦論。　因又與殺其夫者，皆處死。　諸子犯姦，父出首，仍坐之，諸姦不理首原。　諸姦生男女，男隨父，女隨母。　諸僧尼道士女冠犯姦，斷後並勒還俗。　諸强姦人幼女者處死，雖和同强，女不坐。　凡稱幼女，止十歲以下。　諸年老姦人幼女，杖一百七，不聽贖。　諸十五歲未成丁男，和姦十歲以下女，雖和同强，減死，杖一百七，女不坐。　諸强姦十歲以上女者，杖一百七。　諸强姦妻前夫男婦未成，及强姦妻前夫女已成，並杖一百七，妻離之。　諸三男强姦一婦者，皆處死，婦人不坐。

諸職官犯姦者，如常律，仍除名，但有祿人犯者同。　諸職官求姦未成者，笞五十七，解見任，雜職敍。　諸職官因謔部民妻，致其夫棄妻者，杖六十七，罷職，降二等雜職敍，記過。　諸職官强姦部民妻未成，杖一百七，除名不敍。　諸職官因姦，買部民妾，姦非姦所捕獲，止以買部民妾論，笞三十七，解職別敍。諸監臨官與所監臨囚人妻姦者，杖九十七，除名。諸職官與倡優之妻姦，因娶爲妾者，杖七十七，罷職不敍。諸監臨令人姦汚所部寡婦者，杖八十七，除名。諸蠻夷官，擅以籍沒婦人爲妻者，杖八十七，罷職記過，婦人笞四十七。

諸主姦奴妻者，不坐。諸奴有女，已許嫁爲良人妻，即爲良人，其主輒欺姦者，杖一百七，其妻縱之者，笞五十七，其女夫家仍願爲婚者，減元議財錢之半，不願者，追還元下聘財，令父收管，爲良改嫁。諸奴姦主女者，處死。諸以傔從與命婦姦，以命婦從姦夫逃者，皆處死。諸强姦主妻者，處死。諸奴與主妾姦者，各杖九十七。諸良民竊奴婢生子，子隨母還主，奴竊良民生子，子隨母爲良，仍異籍當差。諸奴婢相姦，笞四十七。

諸夫受財，縱妻爲倡者，夫及姦婦、姦夫各杖八十七，離之。若夫受財，勒妻妾爲倡者，妻量情論罪。諸和姦，同謀以財買休，却娶爲妻者，各杖九十七，姦婦歸其夫。諸夫妻不睦，夫以威虐，逼其妻指與人姦者，杖七十七，妻不坐，離之。諸壻誣妻父與女姦者，杖九十七，妻離之。諸夫指姦而棄其妻，所指姦夫輒停妻而娶之者，兩離之。

諸姦夫姦婦同謀殺其夫者，皆處死，仍於姦夫家屬徵燒埋銀。諸因姦殺其本夫，姦婦不知情，以減死論。諸妻與人姦，同謀藥死其夫，偶獲生免者，罪與已死同，依例結案。

諸婦人爲首，與衆姦夫同謀，親殺其夫者，陵遲處死，姦夫同謀者如常法。　諸夫獲妻姦，妻拒捕，殺之無罪。　諸與無夫婦姦，約爲妻，却毆死正妻者，處死。　諸與姦婦同謀藥死其正妻者，皆處死。　諸妻妾與人姦，夫於姦所殺其姦夫及其妻妾，及爲人妻殺其强姦之夫，並不坐。若於姦所殺其姦夫，而妻妾獲免，殺其妻妾，而姦夫獲免者，杖一百七。　諸姦夫殺死姦婦者，與故殺常人同。　諸求姦不從，毆死其婦，以强盜持仗殺人論。　諸兩姦夫與一姦婦，皆有宿約，其先至者因鬭，殺其後至者，以故殺論。

盜賊

諸盜賊共盜者，併贓論，仍以造意之人爲首，隨從者各減一等。或二罪以上俱發，從其重者論之。　諸竊盜初犯，刺左臂，謂已得財者。再犯刺右臂，三犯刺項。强盜初犯刺項，並充(景)〔警〕跡人，〔四〕官司以法拘檢關防之。　其蒙古人有犯，及婦人犯者，不在刺字之例。諸評盜(賊)〔贓〕者，〔五〕皆以至元鈔爲則，除正贓外，仍追倍贓。　其有未獲賊人，及雖獲無可追償，並於有者名下追徵。　諸犯徒者，徒一年，杖六十七；一年半，杖七十七；二年，杖八十七；二年半，杖九十七；三年，杖一百七。　皆先決訖，然後發遣合屬，帶鐐居役。　應配役人，隨有金銀銅鐵洞冶、屯田、隄岸、橋道一切等處就作，令人監視，日計工程，滿日放還，充(景)

〔警〕跡人。　諸盜未發而自首者，原其罪；能捕獲同伴者，仍依例給賞。　其於事主有所損傷，及准首再犯，不在原免之例。　諸杖罪以下，府州追勘明白，卽聽斷決。　徒罪，總管府決配，仍申合干上司照驗。　流罪以上，須牒廉訪司官，審覆無冤，方得結案，依例待報。　其徒伴有未獲，追會有不完者，如復審既定，贓驗明白，理無可疑，亦聽依上歸結。

諸强盜持仗但傷人者，雖不得財，皆死。　不曾傷人，不得財，徒二年半，但得財，徒三年；至二十貫，爲首者死，餘人流遠。　不持仗傷人者，惟造意及下手者死。　不曾傷人，不得財徒一年半，十貫以下徒二年；每十貫加一等，至四十貫，爲首者死，餘人各徒三年。　若因盜而姦，同傷人之坐，其同行人止依本法，謀而未行者，於不得財罪上，各減一等坐之。

諸竊盜始謀而未行者，笞四十七；已行而不得財者，五十七；得財十貫以下，六十七；至二十貫，七十七。　每二十貫加一等，一百貫，徒一年，每一百貫加一等，罪止徒三年。　諸盜庫藏錢物者，比常盜加一等，贓滿至五百貫以上者流。

諸盜駝馬牛驢騾，一陪九。　盜駱駝者，初犯爲首九十七，徒二年半，爲從八十七，徒二年；再犯加等；三犯不分首從，一百七，出軍。　盜馬者，初犯爲首八十七，徒二年，爲從七十七，徒一年半；再犯加等，罪止一百七，出軍。　盜牛者，初犯爲首七十七，徒一年半，爲從六十七，徒一年；再犯加等，罪止一百七，出軍。　盜驢騾者，初犯爲首六十七，徒一年，爲從五十七，刺放；再犯加等，罪止徒三年。盜羊猪者，初犯爲首五十七，刺放，爲從四十七，刺放；再犯加等，罪止徒三年。盜係官駝馬牛者，比常盜加一等。

諸劇賊既款附得官，復以捕賊爲由，虐取民財者，計贓論罪，流遠。諸强盜再犯，仍刺。

諸强盜殺傷事主，不分首從，皆處死。諸强奪人財，以强盜論。諸以藥迷瞀人，取其財者，以强盜論。諸白晝持仗，剽掠得財，毆傷事主；若得財，不曾傷事主，並以强盜論。諸官民行船，遭風著淺，輒有搶虜財物者，比同强盜科斷。若會赦，仍不與眞盜同論，徵贓免罪。諸强盜出外國，其邊臣執以來獻者，賜金帛以旌之。諸盜乘輿服御器物者，不分首從，皆處死。知情領賣，刬除價錢者，減一等。

諸盜官錢，追徵未盡，到官禁繫既久，實無可折償者，除之。諸守庫軍，但盜庫中財物者，處死，會赦者仍刺之。諸內藏典守，輒盜庫中財物者，處死。諸造鈔庫工匠，私藏合毁之鈔出庫者，杖一百七。監臨失關防者，笞三十七。諸盜印鈔庫鈔者，處死。諸檢昏鈔行人，盜取昏鈔，爲監臨搜獲，不得財者，以盜庫藏錢物不得財，加等論，杖七十七。諸燒鈔庫合干檢鈔行人，輒盜昏鈔出庫分使者，刺斷。諸盜局院官物，雖贓不滿貫，仍加等，杖七十七，刺字。諸工匠已關出庫物料，成造及額餘外，不曾還官，因盜出局者，斷罪，免刺。諸盜已到倉官糧，而未離倉事覺者，以不得財論，免刺。諸盜官員符節，比常盜加一等，計贓坐罪。　諸盜官府文卷，作故紙變賣者，杖七十七，同竊盜，刺字。　買卷人，笞四十七。

諸圖財謀故殺人多者，陵遲處死，仍驗各賊所殺人數，於家屬均徵燒埋銀。　諸圖財陷溺人于死，幸獲生免者，罪與已死同。　諸圖財殺死他人奴婢，即以圖財殺人論。　諸奴盜主財而逃，送其逃者，輒殺其奴，而取其財，即以强盜殺人論。

諸發塚，已開塚者同竊盜，開棺槨者同强盜，毀屍骸者同傷人，仍於犯人家屬徵燒埋銀。　諸挾仇發塚，盜棄其屍者，處死。　諸發塚得財不傷屍，杖一百七，刺配。　諸盜發諸王駙馬墳寢者，不分首從，皆處死。　看守禁地人，杖一百七，三分家產，一分沒官，同看守人杖六十七。

諸事主殺死盜者，不坐。　諸寅夜潛入人家，被毆傷而死者，勿論。

諸於迥野盜伐人材木者，免刺，計贓科斷。　諸被脅從上盜，至盜所，復逃去，不以爲從論。　諸竊盜贓不滿貫，斷罪，免刺。　諸子爲盜，父殺之，不坐。　諸爲盜，初經刺斷，再犯姦私，止以姦爲坐，不以爲盜再犯論。　諸奴婢數爲盜，應識過於門者，其主不知情，不得輒書於其主之門。　諸被誘脅上盜，不曾分贓，而容隱不首者，杖六十七，免刺。　諸先盜親屬財，免刺，再盜他人財，止作初犯論。　諸先犯誘姦婦人在逃，後犯竊盜，二事俱發，以誘姦爲重，杖從姦，刺從盜。　諸瘖啞爲盜，不論瘖啞。　諸詐稱搜稅，攔頭剽奪行李財物者，以盜論，刺斷，充（景）〔警〕跡人。　諸盜米糧，非因饑饉者，仍刺斷。　諸盜塔廟神像服飾，無人看守者，斷罪，免刺。　諸事主及盜私相休和者，同罪；所盜錢物頭匹、倍贓等，沒官。　諸竊盜應徒，若有祖父母、父母年老，無兼丁侍養者，刺斷免徒；再犯而親尚存者，候親終日，發遣居役。　諸女直人爲盜，刺斷同漢人。　諸年饑民窮，見物而盜，計贓斷罪，免刺配及徵倍贓。　諸竊盜，一歲之中頻犯者，從一重，論刺斷。　諸爲盜以所得贓與人博不勝，失所得贓，事覺追正贓，仍坐博者罪。　諸父以子同盜，子年未出幼，不曾分贓，免罪。　諸年饑，迫其子若婿同持仗行劫，子若婿減死一等，坐免刺，充（景）〔警〕跡人。　諸父爲人誘爲盜，疾不能往，命其子從之，而分其贓者，父減爲從一等，免刺，子以爲從論。　諸兄逼未成丁弟同上盜，減爲從一等論，仍罰贖。　諸兄弟同盜，罪皆至死，父母老而乏養者，內以一人情罪可逭者，免死養親。　諸兄弟同盜，皆刺。　諸父子兄弟頻同上盜，從凡盜首從論。　諸父子兄弟同爲强盜者，皆處死。　諸夫謀爲强盜，妻不諫，反從之盜者，減爲從一等論罪。

諸親屬相盜，謂本服緦麻以上親，及大功以上共爲婚姻之家，犯盜止坐其罪，並不在刺字、倍贓、再犯之限。　其別居尊長於卑幼家竊盜，若强盜及卑幼於尊長家行竊盜者，緦麻小功減凡人一等，大功減二等，期親減三等，强盜者準凡盜論，殺傷者各依故殺傷法。　若同居卑幼將人盜己家財物者，五十貫以下，笞二十七，每五十貫加一等，罪止五十七，他人依常盜減一等。諸姑表姪盜姑夫財，同親屬相盜論。諸女在室，喪其父，不能自存，有祖父母而不之卹，因盜祖父母錢者，不坐。諸弟爲首强劫從兄財，卽以强盜論。諸嘗過房他人子孫以爲子孫，輒盜所過房之家財物者，卽以親屬相盜論。

諸奴盜主財，應流遠，而主求免者聽。諸奴盜主財，斷罪，免刺。諸盜雇主財者，免刺，不追倍贓。盜先雇主財者，同常盜論。諸佃客盜地主財，同常盜論。諸同主奴相盜，斷罪，免刺配，不追倍贓。諸盜同受雇人財，不以同居論。諸賃屋與房主同居，而盜房主財者，與常盜論。諸盜同本財者，笞五十七，不以眞盜計贓論。

諸巡捕軍兵因自爲盜者，比常盜加一等論罪；若自相覺察，告捕到官，或曾共爲盜，首獲同伴者，免罪給賞。諸軍人爲盜，刺斷，免充（景）〔警〕跡人，仍追賞錢給告者。諸守庫藏軍人，輒爲首誘引外人偷盜官物，但經二次三次入庫爲盜，及提鈴把門軍人，受贓縱賊者，皆處死。爲從者杖一百七，刺字流遠。諸見役軍人在逃，因爲竊盜得財，杖一百七，仍刺字，杖從逃軍，刺從盜。諸軍人在路奪人財物，又迫逐人致死非命者，爲首杖一百七，爲從七十七，徵燒埋銀給苦主。

諸婦人爲盜，斷罪，免刺配及〔充〕（景）〔警〕跡人，〔六〕免徵倍贓，再犯幷坐其夫。諸婦人寡居與人姦，盜舅姑財與姦夫，令娶己爲妻者，姦非姦所捕獲，止以同居卑幼盜尊長財爲坐，笞五十七，歸宗，姦夫杖六十七。

諸爲僧竊取佛像腹中裝者，以盜論。　諸僧道爲盜，同常盜，刺斷，徵倍贓，還俗充（景）〔警〕跡人。　諸僧道盜其親師祖、師父及同師兄弟財者，免刺，不追倍贓，斷罪還俗。

諸幼小爲盜，事發長大，以幼小論。未老疾爲盜，事發老疾，以老疾論。其所當罪，聽贖，仍免刺配，諸犯罪亦如之。　諸年未出幼，再犯竊盜者，仍免刺贖罪，發充（景）〔警〕跡人。　諸竊盜年幼者爲首，年長者爲從，爲首仍聽贖免刺配，爲從依常律。　諸掏摸人身上錢物者，初犯、再犯、三犯，刺斷徒流，並同竊盜法，仍以赦後爲坐。　諸以七十二局欺誘良家子弟、富商大賈，博塞錢物者，以竊盜論，計贓斷配。　諸夜發同舟橐中裝，取其財者，與竊盜眞犯同論。

諸略賣良人爲奴婢者，略賣一人，杖一百七，流遠；二人以上，處死；爲妻妾子孫者，一百七，徒三年；因而殺傷人者，同强盜法。　若略而未賣者，減一等，和誘者又各減一等，及和同相賣爲奴婢者，各一百七。　略誘奴婢，貨賣爲奴婢者，各減誘略良人罪一等；爲妻妾子孫者，七十七，徒一年半；知情娶（賣）〔買〕及藏匿受錢者，〔七〕各遞減犯人罪一等。　假以過房乞養爲名，因而貨賣爲奴婢者，九十七，引領牙保知情，減二等，價沒官，人給親。　如無元買契劵，有司輒給公據者，及承告不即追捕者，並笞四十七。關津主司知而受財縱放者，減犯人罪三等，除名不敍，失檢察者笞二十七。如能告獲者，略人每人給賞三十貫，和誘每人二十貫，以至元鈔爲則，於犯人名下追徵，無財者徵及知情安主，牙保應捕人減半。其事未發而自首者，若同黨能悔過自首，擒獲其徒黨者，並原其罪，仍給賞之半。再犯及因略傷人者，不在首原之例。諸婦人誘賣良人，罪應徒者，免徒。諸職官誘略良人爲奴，革後不首，仍除名不敍，所誘略人給親。

諸兄盜牛，脅其弟同宰殺者，弟不坐。諸白晝剽奪驛馬，爲首者處死，爲從減一等流遠。諸盜親屬馬牛，事未覺自首，願償價，不從，既送官，仍以自首論免刺。諸强盜行劫，爲主所逐，分散奔走，爲首者殺傷隣人，爲從者不知，不以殺傷事主不分首從論，爲首者處死，爲從者杖一百七，刺配。諸竊盜棄財拒捕，毆傷事主者，杖一百七，免刺。諸爲盜先竊後强，會赦，其下手殺傷事主者，不赦，餘仍刺而釋之。諸盜賊分贓不均，從賊欲首，爲首賊所殺者，仍以謀故殺人論。諸盜賊聞赦，故殺捕盜之人者，不赦。

諸藏匿强竊盜賊，有主謀糾合，指引上盜，分受贓物者，身雖不行，合以爲首論。若未行盜，及行盜之後，知情藏匿之家，各減强竊從賊一等科斷，免刺，其已經斷，怙終不改者，與從賊同。諸謀欲圖人所質之田，輒遣人强劫贖田之價者，主謀、下手一體刺斷，其卑幼爲尊長驅役者免刺。

諸盜賊應徵正贓及燒埋銀，貧無以備，令其折庸。凡折庸，視各處庸價而會之。庸滿，發元籍，充（景）〔警〕跡人。婦人日準男子工價三分之二，官錢役於旁近之處，私錢役於事主之家。諸盜賊得財，用於酒肆倡優之家，不知情，止於本盜追徵。其所盜卽官錢，雖不知情，於所用之家追徵。若用買貨物，還其貨物，徵元贓。諸奴婢盜人牛馬，既斷罪，其贓無可徵者，以其人給物主，其主願贖者聽。諸盜官錢，追徵未盡，到官禁繫既久，實無可折償者，除之。諸係官人口盜人牛馬，免徵倍贓。諸盜賊正贓已徵給主，倍贓無可追理者，免徵。諸盜賊正贓，或典質於人，典主不知情，而歸其贓，仍徵還元價。諸遐荒盜賊，盜駝馬牛驢羊，倍贓無可徵者，就發配役出軍。

諸盜先犯後發，與後犯先發罪同者，勿論。諸先犯强盜刺斷，再犯竊盜，止依再犯竊盜刺配。諸出軍賊徒在逃，初犯杖六十七，再犯加二等，罪止一百七，仍發元流所出軍。

諸强竊盜充（景）〔警〕跡人者，五年不犯，除其籍。其能告發，及捕獲强盜一名，減二年，二名比五年，竊盜一名減一年，應除籍之外，所獲多者，依常人獲盜理賞，不及數者，給憑通理。籍既除，再犯，終身拘籍之。凡（景）〔警〕跡人緝捕之外，有司毋差遣出入，妨其理生。諸（景）〔警〕跡人，有不告知隣佑，輒離家經宿，及游惰不事生產作業者，有司究之，鄰佑有失覺察者，亦罪之。諸（景）〔警〕跡人受命捕盜，旣獲其盜，却挾恨殺其盜而取其財，不以平人殺有罪賊人論。諸色目人犯盜，免刺科斷，發本管官司設法拘檢，限內改過者，除其籍。無本管官司發付者，從有司收充（景）〔警〕跡人。

諸爲盜經刺，自除其字，再犯非理者，補刺。五年不再犯，已除籍者，不補刺，年未滿者仍補刺。諸盜賊赦前擅去所刺字，不再犯，赦後不補刺。諸應刺左右臂，而臂有雕青者，隨上下空歇之處刺之。諸犯竊盜已經刺臂，却偏文其身，覆蓋元刺，再犯竊盜，於手背刺之。諸累犯竊盜，左右項臂刺偏，而再犯者，於項上空處刺之。

諸子盜父首、弟盜兄首、婿盜翁首，並同自首者免罪。諸奴盜主首者，斷罪免刺，不徵倍贓，仍付其主爲奴。諸脅從上盜，而不受贓者，止以不首之罪罪之，杖六十七，不刺。諸爲盜悔過，以所盜贓還主者免罪。諸爲盜得財者，聞有涉疑根捕，却以贓還主者，減二等論罪，免徒刺及倍贓。諸竊盜因事主盤詰，而自首服，其贓未還主者，計贓減二等論罪，刺字。諸盜賊，爲首者自首，免罪，爲從不首仍全科。諸無服之親，相首爲盜，止科其罪，免刺配倍贓。諸竊盜悔過，以贓還主不盡，其餘贓猶及刺罪者，仍刺之。

校勘記

〔一〕提點官禁治不嚴　「提點」，元典章卷二二恢辦課程條畫作「提調」。此處疑「點」當作「調」。

〔二〕及運茶船主知情夾帶　道光本據元典章補字，「運茶船主」作「運茶車船主」。

〔三〕已行而不曾殺人者比强盜不曾傷人不得財杖一百七徒三年　按本卷下文有「諸强盜持仗但傷人者，雖不得財，皆死。不曾傷人，不得財，徒二年半，但得財，徒三年」，與此互異。疑此處「不得財」之「不」字係「但」字之誤。

〔四〕（景）〔警〕跡人　見卷一〇三校勘記〔二〕。下同。

〔五〕諸評盜（賊）〔贓〕者　據元典章卷四九强竊盜賊通例改。

〔六〕免刺配及〔充〕（景）〔警〕跡人　從道光本補。

〔七〕知情娶（賣）〔買〕及藏匿受錢者　據元典章卷五七略賣良人新例改。

元史卷一百五

志第五十三

刑法四

詐僞

諸主謀僞造符寶，及受財鑄造者，皆處死。同情轉募工匠，及受募刻字者，杖一百七。僞造制敕者，與符寶同。諸妄增減制書者，處死。諸近侍官輒詐傳上旨者，杖一百七，除名不敍。諸僞造省府印信文字，但犯制敕者處死。若僞造省府劄付者，杖一百七，再犯流遠。知情不首者，八十七。其文理訛謬不堪行用者，九十七。若僞造司縣印信文字，追呼平民，勒取財物者，初犯杖七十七，累犯不悛者一百七。諸僞造宣慰司印信契本，及商稅務靑由撳冒商賈者，杖一百七。諸赦前僞造省印，赦後不曾銷毁，杖七十七，有官者奪所受宣敕，除名不敍。諸掾屬輒造省官押字，盜用省印，賣放官職者，雖會赦，流遠。諸僞造稅物雜印，私敷顏色，僞稅物貨者，杖八十七。告捕得實者，徵中統鈔一百貫充賞。物主知情，減犯人罪一等，其匿稅之物，一半沒官，於沒官物內一半付告人充賞；不知情者不坐，物給元主。其捕獲人擅自脫放者，減犯人罪二等，受財者與犯人同罪。諸省部小史，爲人誤毁行移檢扎，輒自刻印信，僞補署押，求蓋本罪，無他情弊者，杖七十七，發元籍。諸僧道僞造諸王印信及令旨抄題者，處死。諸盤獲僞造印信之人，同獲强盜給賞。諸告獲私造曆日者，賞銀一百兩。如無太史院曆日印信，便同私曆造者，以違制論。諸受財賣他人敕牒，及收買轉賣者，杖一百七，刺面發元籍，買者杖八十七，發元籍。諸職官被差，以疾輒令人代乘驛傳而往者，杖六十七，代者笞五十七。諸公差，於官船夾帶從人，冒支分例者，笞二十七，記過，支過分例米，追徵還官。

諸詐稱使臣，僞寫給驛文字，起馬匹舟船者，杖一百七。有司失覺察，輒憑無印信關牒倒給者，判署官笞三十七，首領官吏四十七。諸職官詐傳上司言語，擅起驛馬者，杖六十七。脫脫禾孫依隨擅給驛馬者，笞五十七，並解職別敍，記過；驛官二十七，還職。諸詐稱按部官，恐嚇官吏者，杖六十七。諸詐稱監臨長官署置差遣，欺取錢物者，杖八十七，錢物沒官。諸詐稱奉使所委官，聽理民訟者，杖九十七。詐稱隨行令史者，笞五十七。

諸僞造寶鈔，首謀起意，并雕板抄紙，收買顏料，書塡字號，窩藏印造，但同情者皆處死，仍沒其家產。兩隣知而不首者，杖七十七。坊〔里〕正、主首、社長失覺察，〔一〕并巡捕軍兵，各笞四十七。捕盜官及鎮守巡捕軍官各三十七，未獲賊徒，依强盜立限緝捕。買使僞鈔者，初犯杖一百七，再犯加徒一年，三犯科斷流遠。諸捕獲僞鈔，賞銀五錠，給銀不給鈔。諸父子同造僞鈔者，皆處死。諸父造僞鈔，子聽給使，不與父同坐；子造僞鈔，父不同造，不與子同坐。諸夫僞造寶鈔者，妻不坐。諸僞造寶鈔，印板不全者，杖一百七。諸僞造寶鈔，沒其家產，不及其妻子。諸赦前收藏僞鈔，赦後行使者，杖一百七。不曾行使而不首者，減一等。諸僞造鈔罪應死者，雖親老無兼丁，不聽上請。諸捕獲僞造寶鈔之人，雖已身故，其應得賞錢，仍給其親屬。諸奴婢買使僞鈔，其主陳首者，不在理賞之例。諸挑剜裨輳寶鈔者，不分首從，杖一百七，徒一年，再犯流遠。年七十以上者，呈稟定奪，毋輒聽贖。買使者減一等。諸燒造僞銀者，徒。諸造賣僞銀，買主不知情，價錢給主，僞銀內銷，提眞銀沒官，依本犯科罪。諸僞造各倉支發糧籌者，笞五十七，已支出官糧者，準盜係官錢物科罪。倉官人等有犯者，依監主自盜法，贓重者從重論。諸冒支官錢，計贓以枉法論，並除名不敍。

諸冒名入仕者，杖六十七，奪所受命，追俸發元籍，會赦不首，笞四十七，仍追奪之。諸奴受主命冒充職官者，杖九十七。其主及同僚相容隱者，八十七。諸子冒父官居職任事者，杖七十七，犯在革前，革後不出首者，笞四十七，並追回所受宣敕，及支過俸祿還官。諸邊臣，輒以子婿詐稱招徠蠻獠，保充土官者，除名不敍，拘奪所授官。諸軍官承襲，僞增年者，監察御史廉訪司糾察之，濫保官吏，並坐罪。諸職官妄報出身履歷者，除名不敍。諸譯史、令史，有過不敍，詐稱作闕，別處補用者，笞五十七，罷役不敍。

諸輸納官物，輒增改朱鈔者，杖六十七，罷之。諸有司長官，輒以追到盜贓支使，却虛立給主文案者，雖會赦，解職，降先職二等敍。承吏，除名不敍。諸帥府上功文字，詐添有功軍人名數，主謀者杖八十七，除名不敍，隨從書寫者笞五十七。諸詐以軍功受舉入仕者，罷之，仍奪所受命。諸擅改已奏官員選目姓名者，雖會赦，除名發元籍。諸曹吏輒於公牘改易年月，圖逭罪責者，笞五十七，罷役別敍，記過。諸譁强之人，輒爲人僞增籍面者，杖八十七，紅泥粉壁識過其門。諸蒙古譯史，能辨出詐僞文字二起以上者，減一資陞轉。

訴訟

諸告人罪者，須明注年月，指陳實事，不得稱疑。誣告者抵罪反坐，越訴者笞五十七。諸訴訟本屬官司有過，及有寃抑，屢告不理，或理斷偏屈，幷應合迴避者，許赴上司陳之。

本爭事外，別生餘事者，禁。其本爭事畢，別訴者聽。諸軍民風憲官有罪，各從其所屬上司訴之。諸民間雜犯，赴有司陳首者聽。諸告言重事實，輕事虛，免坐；輕事實，重事虛，反坐。諸中外有司，發人家錄私書，輒興獄訟者，禁之。若本宗事須引用證驗者，仍聽追照。其搆飾傅會，以文致人罪者，審辨之。除本宗外，餘事並勿聽理。諸教令人告緦麻以上親，及奴婢告主者，各減告者罪一等。若教令人告子孫，各減所告罪二等。其教令人告事虛應反坐，或得實應賞者，皆以告者爲首，教令爲從。諸老廢篤疾，事須爭訴，止令同居親屬深知本末者代之。若謀反大逆，子孫不孝，爲同居所侵侮，必須自陳者聽。諸致仕得代官，不得已與齊民訟，許其親屬家人代訴，所司毋侵撓之。諸婦人輒代男子告辨爭訟者，禁之。若果寡居，及雖有子男，爲他故所妨，事須爭訟者，不在禁例。諸子證其父，奴訐其主，及妻妾弟姪不相容隱，凡干名犯義，爲風化之玷者，並禁止之。諸親屬相告，並同自首。諸妻訐夫惡，比同自首原免。凡夫有罪，非惡逆重事，妻得相容隱，而輒告訐其夫者，笞四十七。諸妻嘗背夫而逃，被斷復誣告其夫以重罪者，抵罪反坐，從其夫嫁賣。諸職官同僚相言者，並解職別敍，記過。諸告人罪者，自下而上，不得越訴。諸府州司縣應受理而不受理，雖受理而聽斷偏屈，或遷延不決者，隨輕重而罪罰之。諸訴官吏受賂不法，徑赴憲司者，不以越訴論。諸陳訴有理，路府州縣不行，訴之省部臺院，省部臺院不行，經乘輿訴之。未訴省部臺院，輒經乘輿訴者，罪之。諸職官誣告人枉法贓者，以其罪罪之，除名不敍。諸奴婢〔誣〕告其主者處死，〔二〕本主求免者，聽減一等。諸以奴告主私事，主同自首，奴杖七十七。

鬬毆

諸鬬毆，以手足擊人傷者，笞二十七，以他物者三十七。傷及拔髮方寸以上，四十七。若血從耳目出及內損吐血者，加一等。折齒、毀缺耳鼻、眇一目及折手足指，若破骨及湯火傷人者，杖六十七。折二齒二指以上，及髡髮，幷刃傷、折人肋、眇人兩目、墮人胎，七十七。以穢物污人頭面者，罪亦如之。折跌人肢體，及瞎其目者，〔三〕九十七。辜內平復者，各減二等。卽損二事以上，及因舊患，令至篤疾，若斷舌及毀敗人陰陽者，一百七。諸訴毆詈，有闌告者勿聽，違者究之。諸保辜者，手足毆傷人，限十日。以他物毆傷者，二十日。以刃及湯火傷人者，三十日。折跌肢體及破骨者，五十日。毆傷不相須，餘條毆傷，及殺傷者準此。限內死者，各依殺人論。其在限外，及雖在限內，以他故死者，各依本毆傷法。他故，謂別增餘患而死者。諸倡女鬬傷良人，辜限之外死者，杖七十七，單衣受刑。諸毆傷人，辜限外死者，杖七十七。諸以非理毆傷妻妾者，罪以本毆傷論，並離之。若妻不爲父母悅，以致非理毆傷者，罪減三等，仍離之。諸職官毆妻墮胎者，笞三十七，解職，期年後降先品一等，注邊遠一任，妻離之。諸以非理苦虐未成婚男婦者，笞四十七，婦歸宗，不追聘財。諸舅姑非理陵虐無罪男婦者，笞四十七，男婦歸宗，不追聘財。諸蒙古人與漢人爭，毆漢人，漢人勿還報，許訴于有司。諸蒙古人斫傷他人奴，知罪願休和者聽。諸以他物傷人，致成廢疾者，杖七十七，仍追中統鈔一十錠，付被傷人，充養濟之資。諸因鬬毆，斫傷人成廢疾者，杖八十七，徵中統鈔一十錠，付被(告)〔傷〕人，充養濟之資。〔四〕為父還毆致傷者，徵其鈔之半。諸豪橫輒誣平人為盜，捕其夫婦男女，於私家拷訊監禁，非理陵虐者，杖一百七，流遠。其被害有致殘廢者，人徵中統鈔二十錠，充養贍之貲。諸職官輒將義男去勢，以充閹官進納者，杖一百七，除名不敍，記過，義男歸宗。諸以微故殘傷義男肢體廢疾者，加凡人折跌肢體一等論，義男歸宗，仍徵中統鈔五百貫，充養贍之貲。諸尊長輒以微罪刺傷弟姪雙目者，與常人同罪，杖一百七，追徵贍養鈔二十錠給苦主，免流，識過于門；無罪者，仍流。諸弟雖聽其兄之仇，同謀剜其兄之眼，卽以弟為首，各杖一百七，流遠，而弟加遠。諸卑幼挾仇，輒刺傷尊長雙目成廢疾者，杖一百七，流遠。諸以刃刺破人兩目成篤疾者，杖一百七，流遠，仍徵中統鈔二十錠，充養贍之貲，主使者亦如之。諸挾讎傷人之目者，若一目元損，又傷其一目，與傷兩目同論，雖會赦，仍流。諸因爭誤瞎人一目者，杖七十七，徵中統鈔五十兩，充醫藥之資。

諸脫脫禾孫輒毆傷往來使臣者，笞四十七，解職記過。諸職官，輒以他物毆傷使臣者，杖六十七。諸司屬官，輒毆本管上司幕官者，笞四十七，解職記過。諸方鎮僚屬，輒以他物毆傷主帥者，杖六十七，幕官使酒罵長官者，笞四十七，並解職別敍，記過。諸按部官因爭辯，輒毆有司官，有司官還毆者，各笞三十七，解職。諸監臨官挾怨，當廳扯捽屬官，屬官輒毆之者，笞四十七，解職。諸方面大臣，不能以正率下，輒與幕屬公堂鬭爭，雖會赦，並罷免記過，赦前無招者還職。諸職官輒毆傷所監臨，以所毆傷法論罪，記過。諸職官毆傷同署長官者，笞五十七，解見任，降先品一等敍，仍記過名。諸有司長官，輒毆同位正官者，笞三十七，毆佐貳官者，二十七，並解職記過。諸同僚改除，復以私忿相毆詈者，皆罷其所受新命。諸在閑職官，輒毆詈本籍在任長官者，杖六十七。諸職官相毆，其官等，從所傷輕重論罪。諸軍官縱酒，因戲而怒，故毆傷有司官者，笞三十七，記過。諸幕僚因公，輒以惡言詈長官者，笞四十七，長官輒還毆者，笞一十七，並記過名。諸職官乘醉，當街毆傷平人者，笞四十七，記過。諸職官閒居與庶民相毆者，職官減一等，聽罰贖。諸以他物毆傷職官者，加一等，笞五十七。諸小民恃年老，毆詈所屬官長者，杖六十七，不聽贖。諸惡少無賴，輒毆傷禁近之人者，杖七十七。

殺傷

諸殺人者死，仍於家屬徵燒埋銀五十兩給苦主，無銀者徵中統鈔一十錠，會赦免罪者倍之。諸部民毆死官長，主謀及下手者皆處死，同毆傷非致命者，杖一百七，流遠，均徵燒埋銀。諸殺人，還自殺不死者，仍處死。諸殺人，從而加功，無故殺之情者，會赦仍釋之。諸鬬毆殺人，先誤後故者，卽以故殺論。諸因鬬毆，以刃殺人，及他物毆死人者，並同故殺。諸因爭，以刃傷人，幸獲生免者，杖一百七。諸持刃方殺人，人覺而逃，却移怒殺所解勸者，與故殺同。諸有司徵科急，民弗堪，致殺其徵科者，仍以故殺論。諸醉中欲殺其妻不得，移怒殺死其解紛之人者，處死。諸欲誘倡女逃，不從輒殺之者，與殺常人同。諸鬬毆殺人者，結案待報。諸人殺死其父，子毆之死者，不坐，仍於殺父者之家，徵燒埋銀五十兩。諸蒙古人因爭及乘醉毆死漢人者，斷罰出征，並全徵燒埋銀。諸因鬨爭，一人誤踩死小兒，一人毆人致死，毆者結案，踩者杖一百七，並徵燒埋銀。諸有人戲調其妻，夫遇而毆之，因傷而死者，減死一等論罪，仍徵燒埋銀。諸毆死應捕殺惡逆之人者，免罪，不徵燒埋銀。諸以他物傷人，傷毒流注而死，雖在辜限之外，仍減殺人罪三等坐之。諸因爭，以頭觸人，與人俱仆，肘抵其心，邂逅致死者，杖一百七，全徵燒埋銀。諸出使從人，以毆死舘夫者，以毆殺論。諸因戲言相毆，致傷人命者，杖一百七。諸父亡，母復納他人爲夫，卽爲義父。若逐其子出居於外，卽同凡人，其有所鬬毆殺傷，卽以凡人鬬毆殺傷論。諸彼此有罪之人，相格致死者，與殺常人同。

諸職官以微故毆死齊民者，處死。諸職官受贓，爲民所告，輒毆死告者，以故殺論。諸軍官，因公乘怒，輒命麾下毆人致死者，杖八十七，解職，期年後降先品一等敍，徵燒埋銀給苦主，若會赦，仍殿降徵銀。諸閫帥侵盜係官錢糧，怒吏發其姦，輒令人毆死者，以故殺論，雖會大赦，仍追奪不敍，倍徵燒埋銀。諸局院官輒以微故，毆死匠人者，處死。

諸父無故以刃殺其子者，杖七十七。諸子不孝，父與弟姪同謀置之死地者，父不坐，弟姪杖一百七。諸女已嫁，聞女有過，輒殺其女者，笞五十七，追還元受聘財，給夫別娶。諸父有故毆其子女，邂逅致死者，免罪。諸後夫毆死前夫之子者，處死。諸妻故殺妾子者，杖九十七，從其夫嫁賣。諸男婦雖有過，舅姑輒加殘虐致死者，杖一百七。諸子不孝，父殺其子，因及其婦者，杖七十七，婦元有粧奩之物，盡歸其父母。諸以細故殺其弟者，處死。諸兄以立繼之子，主謀殺其嫡弟者，主謀下手皆處死，其田宅人口財物盡歸死者妻子，其子歸宗。諸弟先毆其兄，兄還殺其弟，卽兄殺有罪之弟，不以凡人鬬殺論。諸因爭，誤毆死異居弟者，杖七十七，徵燒埋銀之半。諸因爭，故殺族弟者，與殺常人同。

諸妹爲尼與人私，兄聞而諫之，不從，反詬詈扯捽其兄，兄殺之，卽兄殺有罪之妹，不以凡人鬬殺論。諸兄毆弟妻，因傷而死者，杖一百七，徵燒埋銀。諸嫂溺死其小姑者，以故殺論。諸因爭，毆死族兄弟之子者，杖一百七；故以刃殺之者，處死，並徵燒埋銀。諸毆死兄弟之子，而圖其財者，處死。諸夫婦同謀，殺其兄弟之子者，皆處死。諸尊長誤毆卑幼致死者，杖七十七，異居者仍徵燒埋銀。諸以微過，輒殺其妻者，處死。諸因夫妻反目，輒藥死其妻者，與故殺常人同。諸妻悖慢其舅姑，其夫毆之致死者，杖七十七。諸夫臥疾，妻不侍湯藥，又詬詈其舅姑，以傷其夫之心，夫毆之，邂逅致死者，不坐。諸夫惡妻而愛妾，輒求妻微罪而殺之者，處死。諸風聞涉疑，故殺定婚妻者，與殺凡人同論。諸妻以殘酷，毆死其妾者，杖一百七，去衣受刑。諸舅以無實之罪，故殺其甥者，與殺常人同論。諸因爭挾仇，毆死其壻者，與殺常人同。

諸奴毆詈其主，主毆傷奴致死者，免罪。諸故殺無罪奴婢，杖八十七，因醉殺之者，減一等。諸毆死擬放良奴婢者，杖七十七。諸謀殺已放良奴婢者，與故殺常人同。諸良人以鬬毆殺人奴，杖一百七，徵燒埋銀五十兩。諸良人戲殺他人奴者，杖七十七，徵燒埋銀五十兩。諸奴毆死其弟，弟亦爲同主奴，主乞貸死者聽。諸異主奴婢相犯死者，同常人；同主相犯至重刑者，仍依例結案。諸地主毆死佃客者，杖一百七，徵燒埋銀五十兩。

諸醉中誤認他人爲仇人，故殺致命者，雖誤同故。　諸奴受本主命，執仇殺人者，減死流遠。　諸挾仇殺人會赦，爲首下手者不赦，爲從不曾下手者免死，徒一年。　諸以老病殺人者，不以老病免。　諸謀故殺人年七十以上，並枷禁歸勘結案。　諸兩家之子，昏暮奔還，中路相迎，撞仆于地，因傷致死者，不坐，仍徵鈔五十兩給苦主。　諸十五以下小兒，過失殺人者，免罪，徵燒埋銀。　諸十五以下小兒，因爭毆傷人致死者，聽贖，徵燒埋銀給苦主。　諸瞽者毆人，因傷致死，杖一百七，徵燒埋銀給苦主。　諸病風狂，毆傷人致死，免罪，徵燒埋銀。　諸庸醫以鍼藥殺人者，杖一百七，徵燒埋銀。　諸颺磚石剝鄰之果，誤傷人致死者，杖八十七，徵燒埋銀。　諸軍士習射，招箭者不謹，致被傷而死，射者不坐，仍徵燒埋銀。　諸過誤踏死小兒，杖七十七，徵燒埋銀給苦主。　諸昏夜馳馬，誤觸人死，杖七十七，徵燒埋銀。　諸驅車走馬，致傷人命者，杖七十七，徵燒埋銀。　諸昏夜行車，不知有人在地，誤致轢死者，笞三十七，徵燒埋銀之半給苦主。　諸幼小自相作戲，誤傷致死者，不坐。　諸戲傷人命，自願休和者聽。　諸兩人作戲爭物，一人放手，一人失勢跌死，放者不坐。　諸以物戲驚小兒，成疾而死者，杖六十七，追徵燒埋銀五十兩。　諸以戲與人相逐，致人跌傷而死者，其罪徒，仍徵燒埋銀給苦主。　諸駱駝在牧，嚙人而死者，牧人笞一十七，以駱駝給苦主。　諸驛馬在野，嚙人而死者，以其馬給苦主，馬主別買當役。　諸奴故殺其子女，以誣其主者，杖一百七。諸因爭，以妻前夫男女溺死，誣賴人者，以故殺論。諸後夫置毒飲食，與前夫子女食而死者，與藥死常人同。諸故殺無罪子孫，以誣賴仇人者，以故殺常人論。諸殺人無苦主者，免徵燒埋銀，犯人財產人口並付其妻子，仍爲民當差。諸殺有罪之人，免徵燒埋銀。諸圖財謀故殺人多者，皆陵遲處死，驗各賊所殺人數，於家屬均徵燒埋銀。諸同居相毆而死，及殺人罪未結正而死者，並不徵燒埋銀。諸殺人者，被殺之人或家住他所，官徵燒埋銀移本籍，得其家屬給之。諸鬬毆殺人，應徵燒埋銀，而犯人貧窶，不能出備，并其餘親屬無應徵之人，官與支給。諸致傷人命，應徵燒埋銀者，止徵銀價中統鈔一十錠。諸因爭，同毆死人，會赦應倍徵燒埋銀者，爲首致命徵中統鈔一十錠，爲從均徵一十錠。諸毆死人，雖不見屍，招證明白者，仍徵燒埋銀。諸僧道殺人，燒埋銀於常住追徵。諸庸作毆傷人命，徵燒埋銀，不及庸作之家。諸奴毆人致死，犯在主家，於本主徵燒埋銀，不犯在主家，燒埋銀無可徵者，不徵於其主。

禁令

諸度量權衡不同者，犯人笞五十七。司縣正官，初犯罰俸一月，〔五〕再犯笞二十七，三犯別議，仍記過名。路府州縣達魯花赤長官提調失職，初犯罰俸二十日，再犯別議。諸奏目及官府公文，並用國字，其有襲用畏兀字者，禁之。　諸但降詔旨條畫，民間輒刻小本賣于市者，禁之。　諸內外應佩符職官，輒以符付其傔從佩服者，禁之。　諸官員朝會，服其朝服，私致敬於人臣者罰。　諸隨朝文武百官，朝賀不至者，罰中統鈔十貫，失儀者罰中統鈔八貫。　諸宰相出入，輒敢衝犯者，罪之。

諸章服，惟蒙古人及宿衞之士，不許服龍鳳文，餘並不禁。　謂龍，五爪二角者。　職官一品、二品許服渾金花，三品服金答子，四品、五品服雲袖帶襴，六品、七品服六花，八品、九品服四花，職事散官從一高。　命婦一品至三品服渾金，四品、五品服金答子，六品以下惟服銷金并金紗答子。　首飾，一品至三品許用金珠寶玉，四品、五品用金玉眞珠，六品以下用金，惟耳環用珠玉。　同籍者，不限親疏，期親雖別籍幷出嫁同。　車輿並不得用龍鳳文，一品至(二)〔三〕品許用間金粧飾、銀螭頭、繡帶、青幔，〔六〕四品、五品用素獅頭、繡帶、青幔，六品至九品用素雲頭、素帶、青幔。　內外有出身考滿應入流見役人員，服用與九品同。　受各投下令旨鈞旨，有印信見任人員，亦與九品同。　庶人惟許服暗花紵絲、絲紬綾羅、毛毳，不許用赭黃，冒笠不得飾以金玉，韡不得裁置花樣。　首飾許用翠花金釵篦各一事，惟耳環許用金珠碧甸，餘並用銀。　車輿，黑油齊頭平頂皂幔。　諸色目人，除行營帳外，餘並與庶人同。　職官致仕與見任同，解降者依應得品級；不敍者與庶人同。　父祖有官，既歿年深，非犯除名不敍，其命婦及子孫與見任同。　諸樂人工藝人等服用，與庶人同，凡承應粧扮之物，不拘上例。　皂隸公使人，惟許服紬絹。　倡家出入，止服皂（背）〔褙〕，〔七〕不許乘坐車馬。　應服色等第，上得兼下，下不得僭上，違者，職官解見任，期年後降一等敍，餘人笞五十七，違禁之物，付告捉人充賞。　御賜之物，不在禁限。　諸官員以黃金飾甲者禁之，違者甲匠同罪。　諸常人鞍轡，畫虎兔者聽，畫雲龍犀牛者，禁之。　諸段匹織造周身大龍者，禁之，胸背小龍者勿禁。　諸市造鞍轡箭鏃鞾履及諸雜帶，用金爲飾者，禁之。

諸郡縣達魯花赤及諸投下，擅造軍器者，禁之。　諸神廟儀仗，止以土木紙綵代之，用眞兵器者禁。　諸都城小民，造彈弓及執者，杖七十七，沒其家財之半，在外郡縣不在禁限。　諸打捕及捕盜巡馬弓手、巡鹽弓手，許執弓箭，餘悉禁之。　諸漢人持兵器者，禁之；漢人爲軍者不禁。　諸賣軍器者，賣與應執把之人者不禁。　諸民間有藏鐵尺、鐵骨朵，及含刀鐵拄杖者，禁之。　諸私藏甲全副者，處死；不成副者，笞五十七，徒一年；零散甲片不堪穿繫禦敵者，笞三十七。　鎗若刀若弩私有十件者，處死；五件以上，杖九十七，徒三年；四件以下，七十七，徒二年；不堪使用，笞五十七。　弓箭私有十副者，處死；五副以上，杖九十七，徒三年；四副以下，七十七，徒二年；不成副，笞五十七。　凡弓一，箭三十，爲一副。

諸嶽瀆祠廟，輒敢觸犯作踐者，禁之。　諸伏羲、媧皇、堯、舜、禹、湯、后土等廟，軍馬使臣敢沮壞者，禁之。諸名山大川寺觀祠廟，并前代名人遺蹟，敢拆毁者，禁之。諸改寺爲觀，改觀爲寺者，禁之。諸祠廟寺觀，模勒御寶聖旨及諸王令旨者，禁之。

諸爲子行孝，輒以割肝、刲股、埋兒之屬爲孝者，並禁止之。諸民間喪葬，以紙爲屋室，金銀爲馬，雜綵衣服帷帳者，悉禁之。諸墳墓以甎瓦爲屋其上者，禁之。諸家廟春秋祭祀，輒用公服行禮者，禁之。諸民間祖宗神主，稱皇字者，禁之。諸小民房屋，安置鵝項銜脊，有鱗爪瓦獸者，笞三十七，陶人二十七。諸職官居見任，雖有善政，不許立碑，已立而犯贓污者毁之，無治狀以虛譽立碑者毁之。

諸夜禁，一更三點，鐘聲絕，禁人行。五更三點，鐘聲動，聽人行。違者笞二十七，有官者聽贖。其公務急速，及疾病死喪產育之類不禁。諸有司曉鐘未動，寺觀輒鳴鐘者，禁之。諸江南之地，每夜禁鐘以前，市井點燈買賣，曉鐘之後，人家點燈讀書工作者，並不禁。其集衆祠禱者，禁之。諸犯夜拒捕，斲傷徼巡者，杖一百七。

諸城郭人民，隣甲相保，門置水甕，積水常盈，家設火具，每物須備，大風時作，則傳呼以徇于路。有司不時點視，凡救火之具不備者，罪之。諸遺火延燒係官房舍，杖七十七；延燒民房舍，笞五十七；因致傷人命者，杖八十七；所毁房舍財畜，公私俱免徵償。燒自己房舍者，笞二十七，止坐失火之人。諸煎鹽草地，輒縱野火延燒者，杖八十七；因致闕用者，奏取聖裁。隣接管民官，專一關防禁治。　諸縱火圍獵，延燒民房舍錢穀者，斷罪勒償，償未盡而會赦者，免徵。　諸故燒太子諸王房舍者，處死。　諸故燒官府廨宇，及有人居止宅舍，無問舍宇大小，財物多寡，比同强盜，免刺，杖一百七，徒三年；因傷人命，同殺人。其無人居止空房，幷損壞財物，及田場積聚之物，同竊盜，免刺，計贓斷罪。因盜取財物者，同强盜，刺斷，並追陪所燒物價；傷人命者，仍徵燒埋銀。再犯者決配，役滿，徙千里之外。諸挾仇放火，隨時撲滅，不曾延燎者，比强盜不曾傷人不得財，杖七十七，徒一年半，免刺，雖親屬相犯，比同常人。

諸每月朔望二弦，凡有生之物，殺者禁之。　諸郡縣歲正月五月，各禁宰殺十日，其饑饉去處，自朔日爲始，禁殺三日。　諸每歲，自十二月至來歲正月，殺母羊者，禁之。　諸宴會，雖達官，殺馬爲禮者，禁之。其有老病不任鞍勒者，亦必與衆驗而後殺之。　諸私宰牛馬者，杖一百，徵鈔二十五兩，付告人充賞。兩隣知而不首者，笞二十七。本管頭目失覺察者，笞五十七。有見殺不告，因脅取錢物者，杖七十七。〔八〕若老病不任用者，從有司辨驗，方許宰殺。已病死者，申驗開剝，其筋角卽付官，皮肉若不自用，須投稅貨賣，違者同匿稅法。　有司禁治不嚴者，糾之。　諸私宰官馬牛，爲首杖一百七，爲從八十七。　諸助力私宰馬牛者，減正犯人二等論罪。　諸牛馬驢騾死，而筋角不盡實輸官者，一副以上，笞二十七；

五副以上，四十七；十副以上，杖六十七，仍徵所犯物價，付告人充賞。

諸毀傷體膚以行丐於市者，禁之。　諸城郭內外放鴿帶鈴者，禁之。　諸諸王駙馬及諸權貴豪右，侵占山場，阻民樵採者，罪之。　諸關譏不嚴，受財故縱者，罪之。　諸江河津渡，或明知潮信已到，及風濤將起，貪索渡錢，淹延不渡，以致中流覆溺，傷害人命者，爲首處死，爲從減一等。

諸棄俗出家，不從有司體覆，輒度爲僧道者，其師笞五十七，受度者四十七，發元籍。　諸以白衣善友爲名，聚衆結社者，禁之。　諸色目僧尼女冠，輒入民家强行抄化者，禁之。　諸僧道僞造經文，犯上惑衆，爲首者斬，爲從者各以輕重論刑。　諸以非理迎賽祈禱，惑衆亂民者，禁之。　諸俗人集衆鳴鐃作佛事者，禁之。　諸軍官鳩財聚衆，張設儀衛，鳴鑼擊鼓，迎賽神社，以爲民倡者，笞五十七，其副二十七，並記過。　諸陰陽家天文圖讖應禁之書，敢私藏者罪之。　諸陰陽家僞造圖讖，釋老家私撰經文，凡以邪說左道誣民惑衆者，禁之，違者重罪之。在寺觀者，罪及主守，居外者，所在有司察之。　諸妄言禁書者，徒。　諸陰陽家者流，輒爲人燃燈祭星，蠱惑人心者，禁之。　諸妄言星變災祥，杖一百七。　諸陰陽法師，輒入諸王公主駙馬家者，禁之。　諸以陰陽相法書符呪水，凡異端之術，惑亂人聽，希求仕進者，禁之，違者罪之。

諸寫匿名文書，所言重者處死，輕者流，沒其妻子，與捕獲人充賞。事主自獲者不賞。諸寫匿名文字，訐人私罪，不涉官事者，杖七十七。諸投匿名文字於人家，脅取錢物者，杖八十七，發元籍。諸見匿名文書，非隨時敗獲者，卽與燒毀；輒以聞官者，減犯人二等論罪。凡匿名文字，其言不及官府，止欲訐人罪者，如所訐論。

諸民間子弟，不務生業，輒於城市坊鎭，演唱詞話，教習雜戲，聚衆淫謔，並禁治之。諸弄禽蛇、傀儡，藏擫撇鈸、倒花錢、擊魚鼓，惑人集衆，以賣僞藥者，禁之，違者重罪之。諸棄本逐末，習用角觝之戲，學攻刺之術者，師弟子並杖七十七。諸亂製詞曲，爲譏議者，流。

諸賭博錢物，杖七十七，錢物沒官，有官者罷見任，期年後雜職內敍。開張博房之家，罪亦如之，再犯加徒一年。應捕故縱，笞四十七，受財者同罪。有司縱令攀指平人，及在前同賭人，罪及官吏。賭飲食者，不坐。諸賭博錢物，同賭之人自首者，勿論。諸賭博，因事發露，追到攤場，賭具贓證明白者，卽以本法科論，不以展轉攀指革撥。

諸故縱牛馬食踐田禾者，禁之。諸所在鎭守蒙古、漢軍，各立營所。無故輒入人家，求索酒食，及縱頭匹食踐田禾桑果，罪及主將。諸藩王無都省文書，輒於各處徵收差發，强取飲食草料，爲民害者，禁之。

諸有虎豹爲害之處，有司嚴勒官兵及打捕之人，多方捕之。其有不應捕之人，自能設機捕獲者，皮肉不須納官，就以充賞。諸職官違例放鷹，追奪當日所服用鞍馬衣物沒官。諸所撥各官圍獵山場，並毋禁民樵採，違者治之。諸年穀不登，人民愁困，諸王達官應出圍獵者，並禁止之。諸田禾未收，毋縱圍獵，於迤北不耕種之地圍獵者聽。諸軍人受財，僞造火印，將所管官馬盜換與人者，杖九十七，追贓沒官。諸年穀不登，百姓饑乏，遇禁地野獸，搏而食之者，毋輒沒入。諸打捕鷹坊官，以合進御膳野物，賣價自私者，計贓以枉法論，除名不敍。諸舟車之靡、器服之奇，方面大臣非錫貢，不得擅進。

諸闌遺人口到監，卽移所稱籍貫，召主識認。半年之上無主識認者，匹配爲戶，付有司當差。殘疾老病，給以文引，而縱遣之。頭匹有主識認者，徵還已用草料價錢，然後給主；無主識認，則籍其毛齒而收養之。諸闌遺奴婢，私相配合，雖生育子女，有主識認者，各歸其主，無本主者官與收係。諸隱藏闌遺鷹犬者，笞三十七，沒其家財之半。其收拾闌遺鷹犬之人，因以爲民害者，罪之。

諸鋤獲宿藏之物，在他人地內者，與地主中分，在官地內者一半納官，在己地內者卽同業主。得古器珍寶之物者，聞官進獻，約量給價，若有詐僞隱匿，斷罪追沒。

諸監臨官輒舉貸於民者，取與俱罪之。諸稱貸錢穀，年月雖多，不過一本一息，有輒取贏於人，或轉換契券，息上加息，或占人牛馬財產，奪人子女以爲奴婢者，重加之罪，仍償多取之息，其本息沒官。　諸典質，不設正庫，不立信帖，違例取息者，禁之。　諸闌廂店戶，居停客旅，非所知識，必問其所奉官府文引，但有可疑者，不得容止，違者罪之。　諸官戶行錢商船，輒豎旗號，置弓箭鑼鼓，揭錢主衙門職名，往來江河者，禁之。　諸經商，及因事出外，必從有司會問鄰保，出給文引，違者究治。　諸投下幷其餘有印信衙門，並不得濫給文引。

諸有毒之藥，非醫人輒相賣買，致傷人命者，買者賣者皆處死。不曾傷人者，各杖六十七，仍追至元鈔一百兩，與告人充賞。不通醫術，製合僞藥，於市井貨賣者，禁之。　諸下海使臣及舶商，輒以中國生口、寶貨、戎器、馬匹遺外番者，從廉訪司察之。　諸商賈收買金銀下番者，禁之，違者罪之。　諸海濱豪民，輒與番商交通貿易銅錢下海者，杖一百七。

諸倡妓之家，所生男女，每季不過次月十日，會其數以上于中書省。有未生墮其胎、已生輒殘其命者，禁之。　諸倡妓之家，輒買良人爲倡，而有司不審，濫給公據，稅務無憑，輒與印稅，並嚴禁之，違者痛繩之。

雜犯

諸鬭爭折辨，輒提大名字者，罪之。　諸職官因公失口亂言者，笞二十七。　諸快意中，或酒後，及害風狂疾，失口亂言，別無情理者，免罪。

諸惡少無賴，結聚朋黨，陵轢善良，故行鬭爭，相與羅織者，與木偶連鎖，巡行街衢，得後犯人代之，然後決遣。　諸惡少白晝持刀劍於都市中，欲殺本部官長者，杖九十七。　諸無賴軍人，輒受財毆人，因奪取錢物者，杖八十七，红泥粉壁識過其門，免徒。　諸先作過犯，曾經紅泥粉壁，後犯未應遷徙者，於元置紅泥粉壁，添錄過名。

諸豪右權移官府，威行鄉井，淫暴貪虐，累犯不悛者，徙遠惡之地屯種。　諸頻犯過惡，累斷不改者，流遠。　諸兇人殘害良善，强將男子去勢，絕滅人後，幸獲生免者，杖一百七，流遠。　諸貴勢之家，奴隸有犯，輒私置鐵枷，釘項禁錮，及擅刺其面者，禁之。　諸獲逃奴，輒刺面劓鼻，非理殘苦者，禁之。　諸無故擅刺其奴者，杖六十七。　諸囉哩、回回爲民害者，從所在有司禁治。

捕亡

諸失盜，捕盜官不立限捕盜，却令他戶陪償事主財物者，罰俸兩月，仍立限追捕。諸强盜殺人，三限不獲，會赦，捕盜官合得罪罰革撥，仍令捕盜，任滿不獲，解由內通行開寫，依例黜降。諸他境盜，入境逃藏，捕盜官輒分彼疆此界，不卽捕捉者，笞四十七，解職別敍，記過。

諸已斷流囚，在禁未發，反獄毆傷禁子，已逃復獲者，處死；未出禁者杖一百七，發已擬流所。諸解發囚徒，經過州縣止宿，不寄收牢房，輒於逆旅監繫，以致脫監在逃者，長押官笞二十七，還役；防送官四十七，記過。諸囚徒反獄而逃，主守減犯人罪二等，提牢官又減主守四等。隨時捉獲及半以上者，罰俸一月。

諸奴婢背主而逃，杖七十七；誘引窩藏者，六十七。鄰人、社長、坊里正知不首捕者，笞三十七；關譏應捕人受贓脫放者，以枉法論。寺觀、軍營、勢家影蔽，及投下冒收爲戶者，依藏匿論，自首者免罪。諸告獲逃奴者，於所將財物內，三分取一，付告獲人充賞。諸逃奴拒捕，不曾致傷人命者，杖一百七。

恤刑

諸獄囚，必輕重異處，男女異室，毋或參雜，司獄致其愼，獄卒去其虐，提牢官盡其誠。諸在禁囚徒，無親屬供給，或有親屬而貧不能給者，日給倉米一升，三升之中，給粟一升，以食有疾者。凡油炭席薦之屬，各以時具。其饑寒而衣糧不繼，疾患而醫療不時，致非理死損者，坐有司罪。諸各處司獄司看守囚徒，夜支清油一斤。諸路府州縣，但停囚去處，於鼠耗糧內放支囚糧。諸在禁無家屬囚徒，歲十二月至于正月，給羊皮爲披蓋，袴韈及薪草爲暖匣熏炕之用。諸獄訟，有必聽候歸對之人，召保知在，如無保識，有司給糧養濟，勿寄養於民家。諸流囚在路，有司日給米一升，有疾命良醫治之，疾愈隨時發遣。諸獄醫，囚之司命，必試而後用之，若有弗稱，坐掌醫及提調官之罪。諸獄囚病至二分，申報漸增至九分，爲死證，若以重爲輕，以急爲緩，誤傷人命者，究之。諸獄囚有病，主司驗實，給醫藥，病重者去枷鎖杻，聽家人入侍。職事散官五品以上，聽二人入侍。犯惡逆以上，及强盜至死，奴婢殺主者，給醫藥而已。諸有司，在禁囚徒饑寒，衣食不時，病不督醫看候，不脫枷杻，不令親人入侍，一歲之內死至十人以上者，正官笞二十七，次官三十七，還職；首領官四十七，罷職別敍，記過。諸孕婦有罪，產後百日決遣，臨產之月，聽令召保，產後二十日，復追入禁。無保及犯死罪者，產時令婦人入侍。諸犯死罪，有親年七十以上，無兼丁侍養者，許陳請奏裁。諸有罪年七十以上、十五以下，及篤廢殘疾罰贖者，每笞杖一，罰中統鈔一貫。諸疑獄，在禁五年之上不能明者，遇赦釋免。

平反

諸官吏平反寃獄，應賞者，從有司保勘，廉訪司體覆，而後議之。其有冒濫不實者，罪及保勘體覆官吏。諸路府軍民長官，因收捕反叛，輒羅織平民，强姦室女，殺虜人口財産，并覆人之家，其同僚能理平民之寃，正犯人之罪，歸其俘虜，活其死命者，於本官上優陞一等遷用。凡職官能平反重刑一起以上，陞等同。諸職官能平反寃獄一起之上，與減一資。諸路府曹吏，能平反寃獄者，於各道宣慰司部令史補用。

校勘記

〔一〕坊〔里〕正主首社長失覺察　據元典章卷二〇鈔法、住罷銀鈔銅錢使中統鈔補。按元代基層行政單位，在鄉曰里，在城曰坊，此只言「坊正」而不言「里正」，係誤脱。

〔二〕諸奴婢〔誣〕告其主者處死　據元典章卷五三奴誣告主斷例補。按此處與下文「諸以奴告主私事，主同自首，奴杖七十七」及元典章卷五三禁止干名犯義「如主家有犯反逆謀故殺人之事，許令告首」抵牾，顯有脱誤。

〔三〕折跌人肢體及瞎其目者　元典章卷四四諸毆作「折跌支體，瞎一目者」，事林廣記集別卷三大元通制同。疑「目」字之上脫「一」字。

〔四〕徵中統鈔一十錠付被(告)〔傷〕人充養濟之資　從道光本改。

〔五〕司縣正官初犯罰俸一月　據元典章卷五七諸禁，「正官」下有「禁治不嚴」，疑此脫。

〔六〕一品至(二)〔三〕品　道光本與本書卷七八輿服志、元典章卷二九服色合，從改。

〔七〕倡家出入止服皂(背)〔褙〕　據本書卷七八輿服志、元典章卷二九服色改。

〔八〕有見殺不告因脅取錢物者杖七十七　按元典章卷五七賞補私宰牛馬，除杖決七十七下外，尙有「徵鈔二十五兩，與告人充賞」。依上文「諸私宰牛馬者，杖一百，徵鈔二十五兩，付告人充賞」例，疑此脫。

元史卷一百六

表第一

后妃表

后妃之制，厥有等威，其來尚矣。元初，因其國俗，不娶庶姓，非此族也，不居嫡選。當時史臣以爲舅甥之貴，蓋有周姬、齊姜之遺意，歷世守之，固可嘉也。然其居則有曰斡耳朶之分；沒，復有繼承守宮之法。位號之淆，名分之瀆，則亦甚矣。累朝嘗詔有司修后妃傳，而未見成書。內廷事祕，今莫之考，則其氏名之僅見簡牘者，尚可遺而不錄乎？且一代之制存焉，闕疑而愼言，斯可矣。作后妃表。

太祖	孛兒台旭眞太皇后
太宗	正宮孛剌合眞皇后
定宗	斡兀立海迷失三皇后
憲宗	火里差皇后 火魯剌部人。

弘吉烈氏，至元二年追諡光獻，〔一〕至大二年加諡光獻翼聖皇后。

忽魯渾皇后

闊里桀担皇后

脫忽思皇后

帖木倫皇后

亦憐眞八剌皇后

不顏渾禿皇后

忽勝海妃子

右大斡耳朵

忽蘭皇后

哈兒八眞皇后

脫列哥那六皇后 乃馬眞氏，歲壬寅，太宗崩，后攝國凡四年。至元二年追諡昭慈皇后。〔二〕

昂灰二皇后

乞里吉忽帖尼三皇后

禿納吉納六皇后〔三〕

業里訖納妃子 滅里之母。

至元二年追諡欽淑皇后。〔四〕

忽〔都〕台皇后〔五〕 弘吉剌氏，按陳從孫女，至元二年追諡貞節皇后。〔六〕

也速兒皇后 貞節妹也。

出卑三皇后 歲己未，從憲宗南伐，七月憲宗崩，九月八日后亦薨于六盤。

明里忽都魯皇后 泰定三年詔守班禿營帳。

亦乞剌眞皇后

脫忽茶兒皇后

也眞妃子

也里忽禿妃子

察眞妃子

哈剌眞妃子

右第二斡耳朶

也速皇后

忽魯哈剌皇后

阿失倫皇后

禿兒哈剌皇后

察兒皇后

阿昔迷失皇后
完者忽都皇后
渾魯忽歹妃子
忽魯灰妃子
剌伯妃子
右第三斡耳朵
也速干皇后
忽答罕皇后
哈答皇后
斡者忽思皇后
燕里皇后
禿干妃子

完者妃子

金蓮妃子

完者台妃子

奴倫妃子

卯眞妃子

鎖郎哈妃子

右第四斡耳朵

八不別及妃子

右見歲賜錄，不知所守斡耳朵，故附于此。

世祖

帖古倫大皇后

成宗

卜魯罕皇后

伯岳吾氏，勳

武宗

眞哥皇后

弘吉列氏。至大三

仁宗

〔阿納失舍里〕皇后〔七〕

右大斡耳朵

察必皇后　弘吉列氏，魯忠武王按陳那顏女也。中統初立爲皇后，至元十年授册寶，尊又上尊號曰貞懿昭聖順天睿文光應皇后。〔八〕十八年崩，三十一年上尊謚曰昭睿順聖皇后。后性明敏，達於事機，至元之政，左右彌縫，當時以爲蓋有力焉。

南必皇后　弘吉列氏。至元二十年納爲皇后，時世祖春秋高，后頗預政，相臣常不得見帝，輒因后奏事焉。

右第二斡耳朵

臣普化之孫，駙馬脫里忽思之女。元貞初立爲皇后，大德三年授册寶。十一年帝崩，武宗立，廢后，徙東安州，尋賜死。成宗晚年多疾，后居中用事，而能信任相臣哈剌哈孫，以卒成大德之治，識者猶有取焉。

失憐答里元妃　弘吉列氏，早薨。至大元年追尊謚曰貞慈靜懿皇后，配享成廟。

乞里吉忽帖尼皇后

年册爲皇后，泰定四年上尊謚曰宣慈惠聖皇后。

速哥失里皇后　眞哥妹也。

完者歹皇后

妃子亦乞列氏　明宗母也，天曆二年追謚仁獻章聖皇后。

妃子唐兀氏　文宗母也，天曆二年追謚文獻昭聖皇后。

弘吉烈氏。皇慶二年册爲皇后。延祐七年上尊謚曰莊懿慈聖皇后。

答里麻失里皇后

塔剌海皇后

奴罕皇后

右第三斡耳朵

伯要兀真皇后

闊闊倫皇后

右第四斡耳朵

八八罕妃子

右見歲賜錄，不知所守斡耳朵。

速哥答（思）〔里〕皇后〔九〕

泰定三年詔守世祖斡耳朵。

撒不忽妃子

英宗

速哥八剌皇后　亦啓烈氏，昌國公主益里海涯女也。至治元年册爲皇后，泰定四年崩，謚曰莊(靖)〔靜〕懿聖皇后。〔一〇〕

牙八忽都魯皇后

朶而只班皇后

泰定

八不罕皇后　弘吉列氏。泰定元年册爲皇后，兗王買住罕女也。

亦憐眞八剌皇后　昌國公主益里海涯女也。

忽剌皇后

也速皇后

撒答八剌皇后　帝姊壽寧公主女也。

卜顏怯里迷失皇后

失烈帖木兒皇后

鐵你皇后

明宗

按出罕皇后

月魯沙皇后

不顏忽都皇后〔一一〕

八不沙皇后

野蘇皇后

脫忽思皇后

〔邁來迪貞裕徽聖皇后〕〔一二〕

文宗

卜答失里皇后　弘吉剌氏，魯國公主桑哥(吉剌)〔剌吉〕女也。〔一三〕天曆元年立爲皇后，二年授册寶，至順三年尊爲皇太后，臨朝稱制，元統元年又尊爲太皇太后，〔一四〕仍稱制。至元六年黜太皇太后之號，徙東安州，卒徙所。

必罕皇后　八不罕妹也。

速哥答里皇后　必罕妹也。

烈祖

宣懿皇后　諱月倫。至元二年追上尊謚。〔一五〕

睿宗

唆魯和帖尼妃子　怯烈氏。至元二年追上尊謚曰莊聖皇后，〔一六〕至大三年加謚曰顯懿莊聖皇后。

裕宗

伯藍也怯赤妃子　弘吉列氏。至元三十一年尊爲皇太后，大德四年崩，謚曰徽仁裕聖皇后。

安眞迷失妃子

顯宗

普顏怯里迷失妃子　泰定元年追尊謚曰宣懿淑聖皇后。

拜拜海妃子

忽上海妃子

順宗

答己妃子　弘吉列氏。大德十一年尊爲皇太后，延祐二年上尊號曰儀天興聖慈仁（明）〔昭〕懿壽元（合）〔全〕德泰寧福慶皇太后，〔一七〕七年又尊曰太皇太后，加徽文崇祐尊號。至治三年崩。〔一八〕謚曰昭獻元聖皇后。后性聰慧，然不事檢飭，及正位東朝，淫恣益甚，內則黑驢母亦列失八用事，外則幸臣失列門、紐鄰等及時宰迭木帖兒怙寵作非，濁亂朝政。及英宗立，羣倖誅，而後勢燄少熄焉。

校勘記

〔一〕至元二年追謚光獻　本證云：「世祖紀，至元三年太廟成，議制尊謚、廟號，是帝、后定謚俱在至元三年。此作二年，亦誤。」本證是，「二」當作「三」。參看卷一一四校勘記〔三〕。

〔二〕至元二年追謚昭慈皇后　「二」當作「三」。見本卷校勘記〔一〕。

〔三〕禿納吉納六皇后　此卽前見之「脫列哥那六皇后」，此處重衍。

〔四〕至元二年追謚欽淑皇后　「二」當作「三」。見本卷校勘記〔一〕。

〔五〕忽〔都〕台　從殿本補。按本書卷一一四后妃傳作「忽都台」。「忽都台」，蒙語，義爲「有福」。

〔六〕至元二年追謚貞節皇后　「二」當作「三」。見本卷校勘記〔一〕。

〔七〕〔阿納失舍里〕皇后　從殿本補。按本書卷一一四后妃傳作「阿納失失里」。

〔八〕貞懿昭聖順天睿文光應皇后　本書世祖紀卷八、一一至元十二年十二月戊申、十八年二月乙未、十月乙未各條均作「貞懿順聖昭天睿文光應皇后」。疑此處有倒錯。

〔九〕速哥答〔思〕〔里〕皇后　據本表泰定帝位下所見及本書卷一一四后妃傳改。本表所列各后妃，係按斡耳朵區分，繼承某帝斡耳朵者，卽列名于該帝位下，並非必爲該帝后妃。世祖位下速哥答里皇后，係繼承守宮，領受世祖歲賜者，實爲泰定后。表前言所云「其居則有曰斡耳朵之分；沒，復有繼承守宮之法。位號之淆，名分之瀆，則亦甚矣」，卽指此。

〔一〇〕莊〔靖〕〔靜〕懿聖皇后　據本書卷三〇泰定紀泰定四年八月癸巳條、卷一一四后妃傳改。本證已校。

〔一一〕不顏忽都　本書卷三四文宗紀至順元年正月丁巳條作「不顏忽魯都」。疑此處脫「魯」字。

〔一二〕〔邁來迪貞裕徽聖皇后〕　從殿本補。

〔一三〕桑哥〔吉剌〕〔剌吉〕　據本書卷一〇九諸公主表、卷一一八特薛禪傳及元文類卷二二程鉅夫應昌府報恩寺碑、中庵集卷三敕賜應昌府罔極寺碑改正。

〔一四〕元統元年又尊爲太皇太后　按本書卷三八順帝紀，尊爲太皇太后在仍至元元年十二月乙丑。此處「元統」當爲「至元」之誤。本證已校。

〔一五〕至元二年追上尊謚　「二」當作「三」。見本卷校勘記〔二〕。

〔一六〕至元二年追上尊謚曰莊聖皇后　「二」當作「三」。見本卷校勘記〔二〕。

〔一七〕儀天興聖慈仁〔明〕〔昭〕懿壽元〔合〕〔全〕德泰寧福慶皇太后　據本書卷二七英宗紀延祐七年十二月乙卯條、卷一一六后妃傳及元典章卷一上太皇太后尊號詔改。蒙史已校。

〔一八〕至治三年崩　本書卷二八英宗紀至治二年九月丙辰條有「太皇太后崩」。此處「三」當作「二」。蒙史已校。

元史卷一百七

表第二

宗室世系表

自昔帝王之興，莫不衆建子弟，以蕃王室，所以崇本支、隆國勢也。觀其屬籍有圖，玉牒有紀，大統小宗，秩乎不紊，蓋亦愼矣。然以唐室之盛，自玄宗後，諸王不出閤而史已失其世次，況後世乎。元之宗系，藏之金匱石室者甚祕，外廷莫能知也。其在史官，固特其概，而考諸簡牘，又未必盡得其詳，則因其所可知，而闕其所不知，亦史氏法也。作宗室世系表。

脫奔咩哩 犍妻阿蘭〔一〕	博寒葛〔答黑〕				

果火

博合覩撒里吉〔二〕

始祖孛端叉兒一子。

八林昔黑剌禿哈必畜一子。

咩撚篤敦〔三〕七子。

既拏篤兒罕一子。

海都一子。

某

某

某

某

某

納眞今兀察兀禿，〔四〕其子孫也。

海都位

海都

拜（住）〔姓〕忽兒　一子。〔五〕

敦必乃　六子。

葛朮虎　今那哈合兒，〔六〕其子孫也。

葛忽剌急哩担　今大八魯剌斯，〔七〕其子孫也。

合產　今小八魯剌斯，其子孫也。

哈剌喇歹　今博歹阿替，其子孫也。

葛赤渾　今阿答里急，其子孫也。

葛不律寒　七子。

窠斤八剌哈哈〔八〕　今岳里斤，其子孫也。

八里丹 四子。	蒙哥睹黑顏
	聶昆大司
	烈祖也速該
	答里眞
忽都魯咩聶兒〔九〕	
忽(魯)〔都〕剌罕〔一〇〕	
合丹八都兒	
撥端斡赤斤	
忽闌八都兒 庶子也。	

察剌哈寧昆 收兄拜〔住〕〔姓〕忽兒妻，生一子。

直拏斯 今大丑兀秃，其子孫也。

獠忽眞兀〔秃〕〔兒〕迭葛〔一〕 今昔只兀剌，其子孫也。

答里眞位

答里眞

大納耶耶

小哥大王

寧〔海〕王闊闊出〔二〕

也里干大王

哈魯罕王

寧海王亦思蠻

寧海王拔都兒

宣靖王買奴

阿魯大王

寧海王阿海

烈祖神元皇帝，五子：長太祖皇帝；次二搠只哈〔撒〕兒王；〔三〕次三哈赤溫大王；次四鐵木哥斡赤斤，所謂皇太弟國王斡嗔那顏者也；次五別里古台王。

搠只哈〔撒〕兒王位

搠只哈〔撒〕兒	淄川王也苦	愛哥阿不干王			
	移相哥大王	勢都兒王	齊王八不沙		
			必烈虎大王		
			黃兀兒王	伯木兒王	
				齊王玉龍帖木兒	齊王月魯帖木兒
				別兒帖木兒王	
	脫忽大王				

哈赤溫大王位

哈赤溫

濟南王按只吉歹〔四〕

哈丹大王

察忽剌大王

忽列虎兒王

吳王朵列（担）〔捏〕〔一七〕

隴王忽剌出

濟南王也（里只）〔只里〕〔一五〕

吳王木喃子

濟陽王潑皮

濟南王勝納哈兒

西寧王阿答里迷失〔一六〕

鐵木哥斡赤斤國王位

鐵木哥斡赤斤

斡端大王

阿朮魯大王

		愛牙哈赤王			
	只不干大王	塔察兒國王	壽王乃蠻台	孛羅大王	遼王脫脫
			也不干大王		
			兀剌兒吉歹大王		
			奧速海大王		
			察剌海大王		
			孛羅歹大王	西寧王搠魯蠻	卯罕大王
					本伯大王
					也只大王
					不只兒大王
		帖木迭兒王	八乞出大王		
			襲剌謀大王		

			撥里吉大王	八里牙大王	
				三寶大王	
	撒答吉大王				
	哈失歹大王				
	察只剌大王				
	壽王脫里出	愛牙哈赤大王	別里怗帖木兒王	囊家大王	
				斡羅思罕王	
	斡魯台大王	哈八兒都大王	某大王	忽剌歹大王	
		帖實大王	脫帖大王		
		氣都哥大王	脫帖木兒大王	燕錫大王	
				也堅黃兀兒王	忻都大王
	白虎大王				

别里古台大王位

别里古台	也速不花大王	廣寧王(瓜)〔爪〕	帖木兒大王	
		都〔八〕	乃顏大王	脫鐵木兒大王
	口溫不花大王	滅里吉歹大王	潢察大王	
			抹札兒王	
			撒里蠻王	
			闊闊出大王	定王薛徹干
				定王察兒台
		瓮吉剌歹王	廣寧王徹里帖木	廣寧王(渾按)〔按
			兒	渾〕察〔九〕
	罕秃忽大王	霍歷極大王	塔出大王	

太祖皇帝，六子：長朮赤太子；次二察合台太子；次三太宗皇帝；次四拖雷，即睿宗也；次五兀魯赤，無嗣；次六闊列堅太子。

朮赤太子位

朮赤	拔都大王	
	撒里答大王	
	忙哥帖木兒王	
	脫脫蒙哥王	
	寧肅王脫脫	肅王寬徹
	伯忽大王	
	月即（列）〔別〕大王〔一〇〕	札尼（列）〔別〕大王〔一一〕

察合台太子位

察合台	也速蒙哥王		
	合剌旭烈大王	阿魯忽大王	
		八剌大王	兗王買住韓〔一二〕

威遠王阿只吉		帖木而不花王
威遠王忽都鐵木兒	赤因鐵木兒	南答失〔里〕王〔三〕
越王禿剌		

闊列堅太子位

闊列堅			
河間王忽察			
忽魯歹大王			
也不干大王		八八剌大王	也滅干大王
八八大王		安定王脫歡	伯答罕王
允禿思帖木兒王	合賓帖木兒王	安定王朵兒只班	

太宗皇帝，七子：長定宗皇帝，次二闊端太子，次三闊出太子，次四哈剌察兒王，次五合

失大王，次六合丹大王，次七滅里大王。

按憲宗紀有云：太宗以子月良不材，故不立爲嗣。今考經世大典帝系篇及歲賜錄，並不見月良名字次序，故不敢列之世表，謹著于此，以俟知者。

闊端太子位

闊端	滅里吉歹王	也速不花大王		
	蒙哥都大王	亦憐眞大王		
	只必帖木兒王			
	帖必烈大王			
	曲列魯大王	汾陽王別帖木兒	荊王也速也不干	

闊出太子位

闊出	昔列門太子	孛羅赤大王	靖遠王哈歹	襄寧王也速不干
			襄寧王阿魯灰	

哈剌察兒王位

哈剌察兒	脫脫大王	月別吉
		沙藍朵兒只

合失大王位

合失	海都大王	汝寧王察八兒	汝寧王完者帖木兒	汝寧王忽剌台

合丹大王位

合丹	覩爾赤王	小薛大王	星吉班大王
	也不干大王	瓏王火郎撒	
	也迭兒大王〔四〕		
	也孫脫大王		

火你大王　咬住大王
那海大王

滅里大王位

滅里　脫忽大王　俺都剌大王　愛牙赤大王　陽翟王太平
陽翟王禿滿　陽翟王曲春　陽翟王帖木兒赤

定宗皇帝，三子：長忽察大王，次二腦忽太子，次三禾忽大王。

忽察大王位

忽察　亦兒監藏王
完者也不干王

腦忽太子位

腦忽

禾忽大王位

禾忽	南平王禿魯

睿宗皇帝，十一子：長憲宗皇帝，次二忽覩都，次三失其名，次四世祖皇帝，次五失其名，次六旭烈兀大王，次七阿里不哥大王，次八撥綽大王，次九末哥大王，次十歲（都哥）〔哥都〕大王，〔三五〕次十一雪別台大王。

忽覩都大王位

忽覩都	

旭烈兀大王位

旭烈兀	阿八哈王	阿魯〔渾〕大王〔二六〕	靖遠王合贊〔二七〕		
			廣平王哈兒班答〔二八〕	豳王出伯	豳王喃忽里

	亦憐眞朶兒只王	脫脫木兒王	某	亦憐眞八的王	

阿里不哥大王位

阿里不哥	威定王玉木忽爾				
	乃剌忽不花大王	魏王孛顏帖木兒〔二九〕			
		完者帖木兒王			
		冀王孛羅	鐵木兒脫		
		定王藥木忽兒〔三〇〕	某	燕大王	
	剌甘失甘大王	鎮寧王那海			

撥綽大王位

撥綽	薛必烈傑兒大王	楚王牙忽都	楚王脫烈鐵木兒	楚王八都兒	燕帖木兒王

					速哥帖木兒王
					朵羅不花王

末哥大王位

末哥	昌童大王	伯帖木兒大王	永寧王伯顏木兒〔三〕		

歲（都哥）〔哥都〕大王位

歲（都哥）〔哥都〕	速不歹大王	荊王脫脫木兒	荊王也速不堅		
		哈魯孫大王			

雪別台大王位

雪別台	某	月魯帖木兒			
		買閭也先			

憲宗皇帝，五子：長班禿大王；次二阿速歹大王；次三玉龍答失大王；次四河平王昔里吉；次五辯都，早卒無嗣。

班禿大王位

班禿		

阿速歹大王位

阿速歹		

玉龍答失大王位

玉龍答失	撒里蠻王	
	衛王完澤	郯王徹徹禿

河平王昔里吉位

昔里吉	兀魯思不花王	
	幷王晃火帖木兒	嘉王火兒忽

		答沙亦思的王			
		完者帖木兒王			

世祖皇帝，十子：長朶而只王；次二皇太子眞金，即裕宗也；次三安西王忙哥剌；次四北安王那木罕，無後；次五雲南王忽哥赤；次六愛牙赤大王；次七西平王奧魯赤；次八寧王闊闊出；次九鎭南王脫歡；次十忽都魯帖木兒王。

朶兒只王位

朶兒只					

安西王忙哥剌位

忙哥剌	安西〔王〕阿難答〔三〕	月魯帖木兒王			
	按檀不花				

雲南王忽哥赤位

忽哥赤	營王也先帖木兒			

愛牙赤大王位

愛牙赤	阿木干大王	也的古不花王		
	孛顏帖木兒王			

西平王奧魯赤位

奧魯赤	鎮西武靖王鐵木兒不花	雲南王老的罕	豫王阿（忒納）〔納忒〕納失里〔三三〕	
		武靖王搠思班	乞八大王	
			亦只班大王〔三四〕	
	西平王八的麻的加	貢哥班大王		

寧王闊闊出位

闊闊出	寧王薛徹禿			
	寧王阿都赤			

鎮南王脫歡位

脫歡	鎮南王老章	鎮南王脫（木）不花〔三〕	鎮南王孛羅不花	
		威順王寬徹普化		
		宣讓王帖木兒不花		

文濟王蠻子

宣德王不答失里

忽都魯帖木兒王位

忽都魯帖木兒

阿八也不干王

八魯朶而只王

裕宗皇帝，三子：長晉王甘麻剌，卽顯宗也；次二答剌麻八剌太子，卽順宗也；次三成宗皇帝。

顯宗皇帝，三子：長梁王松山，次二泰定皇帝，次三湘寧王迭里哥兒不花。

梁王松山位

松山

梁王王禪

雲南王帖木兒不花

湘寧王迭里哥兒不花位

迭里哥兒	湘寧王八剌失里
不花	

順宗皇帝，三子：長魏王阿木哥，次二武宗皇帝，次三仁宗皇帝。

魏王阿木哥位

阿木哥	脫不花大王
	蠻子大王
	西靖王阿魯
	魏王孛羅帖木兒
	唐兀台王
	答兒蠻失里王
	孛羅大王

成宗皇帝，一子：皇太子德壽，早薨，無後。
武宗皇帝，二子：長明宗皇帝，次文宗皇帝。
仁宗皇帝，二子：長英宗皇帝；次安王兀都思不花，早隕，無後。
英宗皇帝，無子。
泰定皇帝，四子：長皇太子阿里吉八，次二晉王八的麻亦兒間卜，次三小薛太子，次四允丹藏卜太子，俱早隕，無後。
明宗皇帝，二子：長子順皇帝，次寧宗皇帝。
文宗皇帝，三子：長皇太子阿剌忒〔納〕答剌，〔三六〕早薨，無後；次二燕帖古思太子，次三太平訥太子，俱早隕，無後。
寧宗皇帝，蚤世，無子。
順皇帝，三子：長皇太子愛猷識理達臘，餘二子，蚤世。

按十祖世系錄云：始祖孛端叉兒收統急里忽魯人氏民戶時，〔三七〕嘗得一懷妊婦人曰插只來，納之，其所生遺腹兒，因其母名曰插只來，自後別爲一種，亦號達靼。今以非始祖親子，故不列之世表，附著于此云。

校勘記

〔一〕博寒葛〔答黑〕　據本書卷一太祖紀補。元朝秘史作「不忽合答吉」。

〔二〕博合覩撒里吉　本書卷一太祖紀「吉」作「直」，與元朝秘史「不合禿撒勒只」語音合。「吉」字見于南村輟耕錄卷一大元宗室世系，係元代訛文。

〔三〕咩麻篤敦　考異云：「本紀麻作撚，秘史作蔑年土敦。年、撚音相同，表作麻者，誤也。」考異是，「麻」字見于南村輟耕錄卷一大元宗室世系，係元代訛文。

〔四〕兀察兀禿　本書卷一二〇朮赤台傳及元朝秘史、拉施特史集均稱納眞爲兀魯兀部之祖，此處「察」當作「魯」。新元史已校。

〔五〕拜〔住〕〔姓〕忽兒　考異云：「紀作拜姓忽兒，秘史作拜升豁兒多黑申。升與姓音相近，此作住者，誤也。」考異是，從改。下同。

〔六〕那哈合兒　蒙古無此部族、姓氏，當有誤。此處似指那牙斤部人，卽那牙吉歹氏。

〔七〕葛忽剌急哩担　元朝秘史作「合出剌」，拉施特史集譯音同。此處「葛忽剌」有訛文，依前見譯例，「忽」當作「朮」。

〔八〕窠斤八剌哈哈　元朝秘史作「斡勤巴兒合黑」，拉施特史集譯音同。蒙古語「斡勤」，義爲「女郎」。「窠」字誤，當作「窩」。

〔九〕忽都魯咩聶兒　元朝秘史作「忽禿黑禿蒙古兒」，拉施特史集譯音同。蒙古語「忽禿黑禿」，言「有福」。此處「魯」字誤，依本表譯例，當作「都」。

〔一〇〕忽〔魯〕〔都〕剌罕　據本書卷一太祖紀改。元朝秘史作「忽圖剌合罕」。

〔一一〕獠忽眞兀〔禿〕〔兒〕迭葛　元朝秘史作「抄眞斡兒帖該」。此處「禿」誤，今改。

〔一二〕寧〔海〕王闊闊出　據本書卷一〇八諸王表補。按寧王闊闊出爲元世祖第八子，與此處寧海王非一人。本證已校。

〔一三〕搠只哈〔撒〕兒　據本書卷九五食貨志補。「哈撒兒」，元朝秘史傍譯「犬名」，拉施特史集詁作「猛獸」。考異已校。下同。

〔一四〕按只吉歹　此人本書又作「按只帶」、「按只台」、「按赤帶」、「按赤台」，與元朝秘史「阿勒赤台」寫音相符。「吉」字見于南村輟耕錄卷一大元宗室世系，係元代衍誤。

〔一五〕也〔里只〕〔只里〕　據本書卷一六世祖紀至元二十七年五月庚午、卷一九成宗紀大德元年十二月戊戌條、卷一〇八諸王表改正。新編已校。

〔一六〕西寧王阿答里迷失　本書卷三三文宗紀天曆二年二月癸卯條有「西寧王忽答的迷失」。「忽答的迷失」，突厥語，言「有慶」。疑此處「阿」、「里」爲誤譯之文。蒙史改作「忽答的迷失」。

〔一七〕吳王朶列〔担〕〔捏〕　據本書多見之「吳王多列納」語音改。殿本作「多列納」。

〔一八〕廣寧王（瓜）〔爪〕都　見卷五校勘記〔二〕。

〔一九〕廣寧王（渾按）〔按渾〕察　據本書卷三二文宗紀天曆元年八月丙午、卷三四至順元年七月辛亥條、卷一〇八諸王表改正。新編已校。

〔二〇〕月即（列）〔別〕　據本書卷一一七朮赤傳改。新編已校。

〔二一〕札尼（列）〔別〕　據本書卷一一七朮赤傳改。新編已校。

〔二二〕兗王買住韓　蒙史云：「舊表八剌大王下一格有兗王買住韓，若八剌之子然，大誤。按特薛禪舊傳云，脫憐卒，子迸不剌嗣。迸不剌卒，子買住罕嗣。又云，泰定后諱八不罕，按陳孫斡留察兒之女，其諱必罕、諱速哥答里者，皆脫憐孫買住罕之女。又后妃傳云，泰定帝妃二人，曰必罕，曰速哥答里，皆弘吉剌氏，兗王買住罕之女也。二傳世系同。買住罕即買住韓。翁吉剌氏中原分地在濟寧，爲禹貢兗州之域，亦即春秋魯地，故弘吉剌氏子孫皆封濟寧王，或封魯王，或封兗王，皆因地制名也。若察阿歹，中原分地在太原，古冀州之域，其子孫封號不當以兗爲稱。」

〔二三〕南答失（里）　據本書屢見之「喃答失」刪。隴右金石錄卷五泰定三年重修文殊寺碑作「喃答失太子」。

〔二四〕也迭兒　按拉施特史集及顯貴世系，合丹諸子中有「也速迭兒」，疑此處脫「速」字。

〔二五〕歲（都哥）〔哥都〕　據本書卷九五食貨志改正。拉施特史集譯音證作「歲哥都」是。蒙史已校。

下同。

〔二六〕阿魯〔渾〕大王　據本書卷一三四愛薛傳補。元史譯文證補已校。

〔二七〕靖遠王合贊　蒙史云：「舊表誤稱靖遠王，涉太宗皇子闊端之曾孫靖遠王合歹而誤。」按合贊無國邑封號，此誤見于南村輟耕錄卷一大元宗室世系，係元代衍誤。

〔二八〕廣平王哈兒班答　蒙史云：「舊表稱廣平王，涉廣平王合班而誤。」按廣平王阿兒剌氏，非元宗室。「廣平王」衍誤，南村輟耕錄卷一大元宗室世系作「康平王」，于本書無徵。

〔二九〕魏王孛顏帖木兒　蒙史云：「舊表作魏王，涉魏王阿不哥子魏王孛羅帖木兒而誤。」

〔三〇〕定王藥木忽兒　蒙史云：「定王藥木忽兒，至元十四年與河平王昔里吉、諸王脫黑帖木兒等合謀，夜刼皇子北平王那木罕營于阿力麻里，並械繫丞相安童以叛。元貞二年秋，與昔里吉之子兀魯思不花反正入朝。大德三年正月，封定遠王，賜金塗銀印龜紐。九年二月，由定遠王改封威定王，換賜金印駝紐。至大元年六月，由威定王進封定王」，「舊表威定王玉木忽兒列于阿里不哥長子之位，別出定王藥木忽兒，列于阿里不哥子乃剌忽不花大王第四子之位。本是一人，誤分爲二。」

〔三一〕永寧王伯顏木兒　蒙史云：「舊表脫帖字，諸王表作卜顏帖木兒。」按本書卷一〇八諸王表有「永寧王卜顏帖木兒」。蒙語「伯顏」言「富」，「卜顏」言「福」，「帖木兒」義爲「鐵」。此處有脫誤。

〔三二〕安西〔王〕阿難答　從殿本補。

〔三三〕豫王阿(忒納)〔納忒〕納失里　據本書多見之「豫王阿剌忒納失里」譯音改正。此名梵語，義爲「寶吉祥」。

〔三四〕亦只班大王　本書卷三五、三六文宗紀至順二年四月甲子條作「亦失班」，至順三年五月己卯條作「也失班」。此名藏語，義爲「智吉祥」。疑此處「只」當作「失」。

〔三五〕脫(木)不花　從殿本刪。本書卷三三文宗紀天曆二年十二月乙未條、卷一〇八諸王表、卷一一七帖木兒不花傳皆作「脫不花」。

〔三六〕阿剌忒〔納〕答剌　據本書文宗紀多見之文補。「阿剌忒納答剌」，梵語，義爲「寶賢」。

〔三七〕統急里忽魯　當作「統急里忽魯罕」。見卷一校勘記〔二〕。

元史卷一百八

表第三

諸王表

昔周封列國七十，而同姓者五十三人；漢申丹書之信，而外戚侯者恩寖廣矣。詩曰：「大邦維屏，大宗維翰。」其此之謂乎？元興，宗室駙馬，通稱諸王，歲賜之頒，分地之入，所以盡夫展親之義者，亦優且渥。然初制簡朴，位號無稱，惟視印章，以爲輕重。厥後遂有國邑之名，而賜印之等猶前日也。得諸掌故，具著于篇。作諸王表。

金印獸紐	燕	眞金，中統二年封，至元十四年册爲皇太子。〔一〕
金印螭紐	安西	忙哥剌，至元九年封，出鎮長安。 阿難答，至元十七年襲封，大德十一年誅。

王	秦王	晉王
阿剌忒〔納〕答納，天曆二年封，三年立爲皇太子，其年薨。〔二〕	忙哥剌，至元十年詔安西王益封秦王，別賜金印，其府在長安者爲安西，在六盤者爲開成，皆聽爲宮邸。十七年薨。〔三〕廿四年中書奏，王次子按檀不花襲秦王印，詔阿難答既爲安西王，其秦王印宜上之。然其後猶稱秦王阿難答。	甘麻剌，至元二十九年由梁王改封，出鎮大斡耳朶。大德六年薨，謚獻武，即顯宗也。孫帖木兒，大德六年襲封，至治三年立爲皇帝。八的麻亦兒間卜，泰定元年封，天曆元年隕

王	北安王	鎮南王	懷寧王
月魯帖木兒，至治三年封。	那木罕，至元十九年賜印。大德五年薨，延祐七年賜謚昭定。	脫歡，至元二十一年封，出鎮揚州。二十二年奉旨征安南，大德五年薨。 老章，大德五年襲封。 脫不花，□□□年襲封。 帖木兒不花，□□□年襲封，〔四〕天曆二年改封宣讓王。 孛羅不花，天曆二年襲封。	海山，大德八年封，出鎮稱海。十一年立爲皇帝。

	梁王	越王	營王	鄃王	寧
于上都。	甘麻剌，至元二十七年封，出鎮雲南，二十九年改封晉王。 松山，至元三十年封，以皇曾孫出鎮雲南。 王禪，泰定元年由雲南王進封，天曆元年帥師與太平王燕帖木兒戰于柳林，兵敗見殺。	禿剌，大德十一年從仁宗平內難有功封，至大二年以怨望誅。	也先帖木兒，大德十一年由雲南王進封。	聶古觧駙馬，由北平王進封。 拙忽難駙馬，至大元年襲封。	闊闊出，大德十一年由寧遠王進封。

北寧王	湘寧王	陽翟王	雲陽王	恩平王	北
迭里哥兒不花，大德十一年封，至大二年徙封湘寧王。	迭里哥兒不花，至大二年徙封。 八剌失里，至治三年襲封。	禿滿，至大元年封。 曲春。 太平，泰定元年襲封。 帖木兒赤。		塔思不花，至大四年封。	聶古觧駙馬，□□□年封，後進封鄃王。

王	薛徹禿，皇慶二年由寧遠王進封。〔五〕 阿都赤。
齊王	八不沙，大德十一年封。 玉龍帖木兒，□□□年由恩王改封。 月魯帖木兒，泰定元年封。
楚王	牙忽都，大德十一年由鎭遠王進封。 朶列帖木兒，至大□年封。〔六〕延祐二年被黜，天曆元年復故封。 八都兒。
豳王	出伯，大德十一年由威武西寧王進封。 喃忽里，延祐七年襲封。
濟王	朶列納，大德十一年封，皇慶元年改封吳王。

平王	那木罕，至元二年封，十九年改封北安王。
安遠王	丑漢駙馬，皇慶元年改封。
汝寧王	察八兒，延祐元年封。 忽剌台，泰定元年襲封。
宣德王	不答失里，皇慶二年封。〔七〕
文濟王	蠻子。
保恩王	玉龍帖木兒，延祐三年封，□□□年進封恩王。
武寧	徹徹禿，泰定三年封，至順二年進封郯王。

魏王	魯王	定王	隴王
阿木哥。 孛羅帖木兒。	蠻子台駙馬，由濟寧王進封。 阿不歹駙馬，大德十一年襲封。 阿里加失立，至大四年襲封。 桑哥八剌駙馬，元統元年襲封。〔八〕	要木忽爾，至大元年由〔威〕定（遠）王進封。〔九〕 薛徹干，至治三年封。 察里台，泰定四年封。	火郎撒，至大元年封。 忽魯歹。 忻都察。

王	威順王	威靖王	西安王	宣讓王	西寧王	柳城王
	寬徹普化，□□□年賜金印。〔一〇〕	火里兀察兒駙馬，泰定皇后父也，泰定二年封。	阿〔剌〕忒納（答）失里，〔一一〕天曆元年封。	帖木兒不花，天曆二年由鎮南王改封。	忽答里迷失，〔一二〕天曆二年封。 速來蠻，天曆三年封。	亦憐眞八，天曆三年封。

趙王	主忽駙馬，至大元年封。〔一三〕
	阿魯禿□□，〔一四〕延祐元年封。
	馬札罕駙馬，泰定元年封。
嘉王	晃火帖木兒，延祐四年封，〔一五〕後徙封并王。
	火兒忽。
荆王	也速不堅。
	脫脫木兒。
	脫火赤，□□□年封，至順二年來朝。
昌王	忽鄰駙馬。
	阿失駙馬，延祐四年封。
	八剌失里駙馬，□□年封。
	沙藍朵兒□□□□□年由懿德王進封。〔一六〕
西靖王	阿魯，至順元年封。
廣寧王	爪都，中統三年封，至元十三年賜印。
	徹里帖木兒。
	按渾察，至順元年封。
保寧王	斡卽，天曆二年封。
無國邑名	移相哥大王，□□□年賜印。〔一七〕

金印駝紐

河間王	兀(古)〔魯〕帶，〔一八〕至元二年封。

衛王	完澤，至大三年由衛安王進封。
兗王	買住韓，至大三年封。
吳王	朶列納，皇慶元年由濟王徙封。 潑皮，□□□年封，天曆三年改封濟陽王。 木南子，天曆三年由濟陽王徙封。
壽王	脫里出。 乃蠻歹，至大元年封。
周王	禾失剌，延祐二年封，天曆元年立爲皇帝。
安王	兀都思不花，延祐二年封，七年降封順陽王，尋被殺。

河平王	昔里吉，至元四年封。
雲南王	忽哥赤。 也先帖木兒，至元十七年襲封。 老的，至大二年封。
濟南王	也只里，至元二十四年封。
威武西寧王	出伯，大德八年封，十一年進封豳王。
鎮寧王	孛羅，大德九年封，延祐四年進封冀王。 那懷，至大三年封。
衛安王	完澤，大德九年封，至大三年進封衛王。

遼王	脫脫，延祐三年封。牙納失里。
冀王	孛羅，延祐四年由鎭(遠)〔寧〕王進封。〔一九〕
恩王	月魯帖木兒，延祐四年封。玉龍帖木兒，由保恩王進封。
岐王	脫脫木兒駙馬，延祐四年由濮陽王進封。瑣南管卜，泰定四年封。
幷王	晃火帖木兒，泰定二年由嘉王徙封。
懷王	脫帖木兒，泰定〔三〕〔元〕年封，〔二〇〕天曆元年立爲皇帝。
豫	阿〔剌〕忒(思)納失里，〔二一〕天曆元年封。

威定王	藥木忽爾，大德九年由定遠王徙封。
寧肅王	脫脫，至大元年封。
襄寧王	也速不干，至大元年封。阿魯灰。
安南王	迭哥兒不花，至大四年封。
武陽王	
安定王	朶兒只班。脫歡，皇慶二年封。
永豐	丑漢駙馬，皇慶元年封，旋改封安遠王。

王	
肅王	寬徹，天曆二年封。
郯王	徹徹禿，至順二年由武寧王進封。
邠王	卜顏帖木（花）〔兒〕，〔一二〕至順二年封。
鄜王	懿憐只班，至順〔元〕年封，〔一三〕至順三年立爲皇帝。
慶王	
瀋王〔一四〕	高麗王暅，大德十一年以駙馬封。 高麗王璋，延祐六年以駙馬襲封。

郡王	
安德王	不答失里，皇慶二年封。
永寧王	卜顏帖木兒。 卯澤，至順元年封。
汾陽王	別帖木兒，延祐七年封。
威遠王	巴都帖木兒，〔一五〕至治三年封。
武平王	帖古思不花，泰定三年封。 禿滿帖木兒，延祐五年封。 不花帖木兒，至順元年封。 闊闊出。

	無國名者	駙馬高麗國王
高麗王暠，泰定三年以駙馬襲封。	按只吉歹大王。〔二六〕	王諶，至元□□年封。〔二七〕

寧海王	昭武王	順陽王	延安王	濟寧王	高唐王
亦思蠻。八都兒，延祐五年。〔二八〕阿海。	合伯駙馬，大德十年封。	兀都思不花，延祐七年由安王降封，尋見殺。	也不干。	蠻子台駙馬，後進封魯王。	闊里吉思駙馬。

緬國王	安南國王
	陳光昞。

高昌王	白蘭王	無國邑
紐林的斤駙馬，延祐三年封。	瑣南藏卜，至治元年封，後出家，泰定四年還俗，復封。	也速不花，至元二年賜印。
帖睦爾普化，至治□年封，[二九]天曆二年讓其弟。		玉龍答失大王，至元三年賜印。
籛吉，天曆二年襲封。		帖失帖木兒王，大德二年。
太平奴，至順三年封。		南木忽里王，至大元年。
		斡羅溫孫王，延祐二年。
		察兀都兒王，延祐四年。

名	八八剌大王，延祐元年。 別失帖木兒王，泰定元年。
金鍍銀印駝紐	
西平王	奧魯赤，至元□年封。〔二〇〕 八剌麻力。 管不八。
鎮西武靖王	鐵木兒不花，大德元年封。 搠思班。
雲南王	忽哥赤，至元五年封，出鎮雲南。 王禪，延祐七年封，泰定元年進封梁王。 帖木兒不花，泰定元年襲封。
威順王	寬徹普化，泰定三年封，分鎮武昌。
金鍍銀印龜紐	
寧遠王	闊闊出，至元二十一年封，大德十一年進封寧王。 徹徹篤，延祐七年封，□年進封寧王。〔二一〕
鎮遠王	牙忽都，至元二十一年封，〔二二〕大德十一年進封楚王。
靖遠王	合（贊）〔帶〕，〔二三〕至元二十七年。
定遠王	藥木忽兒，大德二年封。
肅	帖木兒不花，至元二十八年封。

宣靖王	買奴，泰定二年由泰寧王徙封，分鎮益都。〔三四〕
綏寧王	阿都赤，泰定三年封。
靖安王	闊不花，泰定四年封。
廣平王	木剌忽駙馬。哈班，天曆二年封。
靖恭王	脫隣忽都魯，至順元年封。
懿德王	沙藍朵兒駙馬，至順元年封，〔三五〕後進封昌王。
寧遠王	
鎮東王	也先鐵木兒，至元二十八年封。
泰寧王	買奴，至治二年封，泰定二年徙封宣靖王。〔三六〕亦連眞多兒加，〔三七〕泰定元年封。
無國邑	完澤大王，□□□年賜印，〔三八〕大德九年改封衛安王。
銀印龜紐	
南平王	禿剌，至元九年封，仍賜金銀符各五。
永豐郡王	孛羅。

王號	受封者
海王	
南平王	
廣寧王	爪都，中統〔二〕〔三〕年封。〔三九〕
建昌王	
無國邑名	拜答寒大王，至元七年賜印，仍賜海青金符。
	頑答大王。
	帖木兒大王。
	伯帖木兒大王。
	孛羅赤大王。
	月魯帖木兒王，延祐六年。

王號	受封者
寧昌郡王	唆都哥駙馬，至元二十二年封。
	不憐吉歹駙馬。
宣寧郡王	帖木兒不花，至大四年封。
	阿憐帖木兒，至順元年封。〔四〇〕
懷仁郡王	亦思丹，至大四年封。
保德郡王	
寧濮郡王	昌吉駙馬。
駙馬濮陽王	脫帖木兒，大德十年封，延祐四年進封岐王。
	不花駙馬，至元四年。

無國邑名者

別乞帖木兒王，至元十七年。
怯里歹郡王，至元十一年。
阿渾帖木兒王。
完者也不干王。
那木忽(思)〔里〕大王。〔四一〕
合必赤大王。
八八大王。延祐四年詔復以世祖所賜印，賜
其子合賓帖木兒王。
忽都魯帖木兒王。
出伯大王，至元二十五年，後改封威武西
(靖)〔寧〕王。〔四二〕
昌吉駙馬，後改封寧濮郡王。
岳忽難王，大德二年賜印。

校勘記

〔一〕至元十四年册爲皇太子　本書卷八世祖紀至元十年二月丙戌條、卷一一五裕宗傳、卷一一六安童傳及元典章卷一立后建儲詔，皆繫册皇太子事于至元十年。此處「四」字實衍。本證已校。

〔二〕阿剌忒〔納〕答納天曆二年封三年立爲皇太子其年薨　據本書文宗紀多見之「阿剌忒納答剌」補。蒙史已校。又，本證云：「案紀，至順元年三月封燕王，十二月立爲皇太子，二年正月薨。」

〔三〕至元十年詔安西王益封秦王至十七年薨　此段史文似本自姚燧延釐寺碑。據碑文，「十年」應作「十一年」。疑表有脫誤。又「十七年薨」，本證云「當作十五年」，勘以碑文，以作十五年爲是。疑「七」字誤。

〔四〕帖木兒不花□□□年襲封　原墨釘，本書卷三〇泰定帝紀繫泰定三年十一月戊午。新編已校。

〔五〕薛徹禿皇慶二年由寧遠王進封　按後文金鍍銀印龜紐寧遠王條有「徹徹篤延祐七年封」，與本書卷二七英宗紀延祐七年四月乙卯條相符。先封寧遠王已在延祐七年，進封寧王自不當在皇慶二年。「皇慶二年」誤。新編已校。

〔六〕朶列帖木兒至大□年封　原墨釘。蒙史作「至大四年」，并注云：「南監本元史闕年數。北監本作二年，誤。」按本書卷一一七牙忽都傳史文推測，作四年較爲可信。

〔七〕不答失里皇慶二年封　後文有「安德王不答失里，皇慶二年封」，與本書卷二四仁宗紀皇慶二年十月己卯條相符。疑此處似誤「安」爲「宣」而重衍。

〔八〕桑哥八剌駙馬元統元年襲封　按本書卷一一八特薛禪傳及道光鉅野縣志卷二〇胡祖廣加封相哥八剌魯王元勳世德碑，桑哥八剌封魯王在元統二年三月。疑「元年」爲「二年」之誤。

〔九〕要木忽爾至大元年由〔威〕定（遠）王進封　從道光本改。按後文，金印駝紐威定王有「藥木忽爾，大德九年由定遠王徙封」，與本書卷二一成宗紀大德九年二月丁酉條相符。卷二二武宗紀至大元年六月戊戌條有「封藥木忽兒爲定王」。此處「定遠王」顯係「威定王」之誤。

〔一〇〕寬徹普化□□□年賜金印　原墨釘，本書卷三〇泰定紀繫泰定三年正月壬子。新編已校。

〔一一〕阿〔剌〕忒納（答）失里　據本書卷三二文宗紀致和元年三月、天曆元年十二月丁巳條所見「西安王阿剌忒納失里」補删。蒙史已校。

〔一二〕忽答里迷失　疑「里」字誤。見卷一〇七校勘記〔一六〕。

〔一三〕主忽駙馬至大元年封　本證云：「繼培案，紀至大二年封駙馬注安爲趙王，注安卽朮安。闊里吉思傳：子朮安幼，以弟朮忽難襲高唐王，至大二年加封趙王，卽以讓朮安。此作主忽，蓋誤合朮安、朮忽難爲一人。紀在二年，而此云元年，亦誤。」按本證是，「主忽」有脫誤，當作「主忽難」或「主安」。

〔一四〕阿魯禿□□　原墨釘。內蒙古出土林子良王傅德風堂碑記載趙王阿剌忽禿尚趙國公主吉剌實思。「阿剌忽都」即「阿魯禿」，旣尚公主，當稱「駙馬」。

〔一五〕晃火帖木兒延祐四年封　本書卷二六仁宗紀延祐五年二月丁酉條有「封諸王晃火鐵木兒爲嘉王，禿滿鐵木兒爲武平王」，本表後文金印駝紐武平王禿滿帖木兒恰作「延祐五年封」，證此處四年爲五年之誤。

〔一六〕沙藍朶兒□□□□□年　本書卷三五文宗紀至順二年八月甲辰條作「沙藍朶兒只」，蒙史據補「只」字，當是。藏語「沙藍朶兒只」，義爲「智慧金剛」。又下有闕文，按後文金鍍銀印駝紐「懿德王沙藍朶兒駙馬」，應有「駙馬」二字。封年無考。

〔一七〕移相哥大王□□□年賜印　原墨釘，本書卷五世祖紀繫中統三年四月戊申。本證已校。

〔一八〕兀(古)〔魯〕帶　據本書卷六世祖紀至元二年二月戊申條改。此名本書又作「兀魯歹」、「兀魯台」、「兀魯忽帶」、「忽魯帶」。新編已校。

〔一九〕孛羅延祐四年由鎭(遠)〔寧〕王進封　據本卷金印駝紐鎭寧王孛羅條、本書卷二一成宗紀大德十年二月丙辰條改。新編已校。

〔二〇〕脫帖木兒泰定(三)〔元〕年封　據本書卷二九泰定紀泰定元年十月丁丑、卷三二文宗紀泰定元年十月條改。蒙史已校。

〔二一〕阿〔剌〕忒(思)納失里　據本書多見之文改。參見卷一〇七校勘記〔三三〕。

〔二二〕卜顏帖木(花)〔兒〕　據本書卷三五文宗紀至順二年八月丁巳條所見「邠王不顏帖木兒」改。蒙語，「卜顏」言「福」，「帖木兒」言「鐵」。蒙史已校。

〔二三〕懿憐只班至順〔元〕年封　原空闕，據本書卷三四文宗紀至順元年二月乙巳條補。新編已校。

〔二四〕瀋王　蒙史云：「高麗忠(憲)〔宣〕王世家云：忠(憲)〔宣〕王(章)〔璋〕，以世子入宿衞成宗者十年，武宗、仁宗潛邸與王同臥起。大德十一年，王與丞相答剌罕等定策，奉仁宗掃內亂，以迎武宗，功第一，封瀋陽王。據此則舊表謂延祐六年以駙馬襲封，誤也。瀋陽王既爲王(章)〔璋〕始封，則舊表謂王晅大德十一年以駙馬封，誤也。又按東史輯略，王(章)〔璋〕在元，皇慶元年，元欲(章)〔璋〕歸國，(章)〔璋〕不欲，無以爲辭，請于元主傳位于子江陵大君燾。燾卽位燕邸，尊(章)〔璋〕爲上王，於是上王自號瀋陽王，以兄子暠爲瀋世子。延祐三年三月，上王傳瀋陽王位于世子暠，自稱太尉王，時上王爲元太尉故也。據此，舊表稱王暠泰定三年以駙馬襲封，亦誤。」按本書卷二二、二三武宗紀、卷二五仁宗紀，王璋始封瀋陽王在大德十一年六月戊午，改封瀋王在至大三年四月己酉，王暠襲封瀋王在延祐三年三月辛亥。表文多有訛誤。

〔二五〕巴都帖木兒　本書卷二八英宗紀至治三年七月己酉條有「封諸王忽都鐵木兒威遠王」，卷一〇七宗室世系表有「威遠王忽都鐵木兒」。新編謂「巴」爲「忽」字之訛，疑是。

〔二六〕按只吉歹大王　應作「按只歹」。見卷一〇七校勘記〔一四〕。

〔二七〕王諶至元□□年封　原空闕，本書卷八世祖紀繫至元十一年七月癸巳。

〔二八〕八都兒延祐五年　文義不全，下似應有「賜印」二字。本書卷二六仁宗紀延祐五年三月己巳條有「賜寧海王八都兒金印」。

〔二九〕帖睦爾普化至治□年封　原墨釘，北監本作「三」。按本書卷一二二巴而朮阿而忒的斤傳及元文類卷二六虞集高昌王世勳碑，帖睦爾普化襲封高昌王在延祐年間。疑北監本涉前行「紐林的斤駙馬，延祐三年封」而衍抄「三」字。

〔三〇〕奥魯赤至元□年封　原墨釘。本書卷六世祖紀至元六年十月庚子條有「賜諸王奥魯赤駝紐金鍍銀印」，蒙史據書「至元六年封」。

〔三一〕徹徹篤延祐七年封□年進封寧王　原墨釘。北監本作「十一」。按延祐止于七年，無十一年，北監本似涉前行「大德十一年」衍抄。

〔三二〕牙忽都至元二十一年封　按本書卷一六世祖紀，至元二十七年正月己未賜牙忽都塗金銀印，卷一一七牙忽都傳書至元二十七年「賜爵鎮遠王，塗金銀印」。蒙史改「一」爲「七」，是。

〔三三〕合（贊）〔帶〕　據本書卷一六世祖紀至元二十七年正月己未條所見「靖遠王合帶」改。參看卷一〇七校勘記〔二七〕。蒙史已校。

〔三四〕買奴泰定二年由泰寧王徙封分鎮益都　「二」當作「三」，「由泰寧王徙」五字誤衍。詳本卷校勘記〔三六〕。

〔三五〕沙藍朶兒駙馬至順元年封　「兒」下當脫「只」字，見本卷校勘記〔一六〕。

〔三六〕買奴至治二年封泰定二年徙封宣靖王　考異云：「案本紀，泰定元年三月，泰寧王買奴卒，以其子亦憐眞朶兒赤嗣，卽此買奴也。又，泰定三年，封諸王買奴爲宣靖王，鎭益都。順帝至元二年，進封宣靖王買奴爲益王。蓋同時有兩買奴，一爲泰寧王，一爲宣靖王。封宣靖者，答里眞官人之後，益都乃其分地。封泰寧者，未詳其世系。表誤合爲一人，因有徙封之說。」考異是。按本書卷二九泰定紀至治三年十二月丙戌條，買奴以效忠泰定帝封泰寧王，表書「至治二年封」，誤，「二」當作「三」。又，「泰定二年徙封宣靖王」九字誤衍。

〔三七〕亦連眞多兒加　本書卷二九泰定帝紀泰定元年三月己酉條作「亦憐眞朶兒赤」。此名藏語，義爲「寶金剛」。「加」訛，疑爲「知」字之誤書。蒙史改「加」爲「赤」。

〔三八〕完澤大王□□□年賜印　原墨釘，本書卷一九成宗紀繫元貞二年七月辛未。本證已校。

〔三九〕爪都中統(二)〔三〕年封　據本卷金印螭紐廣寧王爪都條、本書卷五世祖紀中統三年正月癸未條改。蒙史已校。

〔四〇〕阿憐帖木兒至順元年封　蒙史改作「乃蠻台，至順元年封」，幷注云：「舊紀是年閏七月丁酉，授阿憐帖木兒大司徒。戊戌，甘肅行省平章乃馬台封宣寧郡王，授以金印。舊表宣寧郡王下列阿憐帖木兒，誤。」

〔四一〕那木忽(思)〔里〕　據本書卷二三武宗紀至大三年正月癸未條、三月乙酉條所見「諸王那木忽里」改。「那木忽里」，本書又作「南木忽里」、「南忽里」、「喃忽里」。蒙史改作「喃忽里」。

〔四二〕威武西(靖)〔寧〕王　從道光本改。　按本書卷二一成宗紀大德八年十二月辛丑條、本卷金印駝紐諸王項皆作「威武西寧王」。

元史卷一百九

表第四

諸公主表

昔者史臣有言，婦人內夫家，雖天姬之貴，史氏猶外而弗詳。然元室之制，非勳臣世族及封國之君，則莫得尙主，是以世聯戚畹者，親視諸王，其藩翰屏垣之寄，蓋亦重矣。則其世次，顧可以弗之著耶？且秦漢以來，惟帝姬得號公主，而元則諸王之女亦概稱焉，是又不可不知也。惜乎記載弗備，所可見者，僅此而已。作諸公主表。

昌國公主位	昌國大長公主帖木倫，烈	祖女，適昌忠武王孛禿。主
趙國公主位	趙國大長公主阿剌海別	吉，太祖女，適趙武毅王孛
魯國公主位	魯國大長公主也速不花，	睿宗女也，適皇國舅魯忠
鄆國公主位	禿滿倫公主，適赤窟駙馬。	瓮吉八忽公主，〔一〕適赤

薨，繼室以太祖女昌國大長公主火臣別吉。

昌國大長公主亦乞列思，適孛禿子帖堅干，〔二〕繼室以昌國大長公主茶倫。

昌國大長公主安禿，太宗子闊出女，適孛禿子昌武定王瑣兒哈。〔三〕

吾魯眞公主，世祖女，適帖木干子孛花。

昌國大長公主也孫眞，適鎖兒哈子昌（武）〔忠〕靖王札忽爾陳。〔四〕

要合。

獨木干公主，睿宗女，適拜哈弟鄃王聶古䚟。

趙國大長公主月烈，世祖女，適拜哈子趙武襄王愛不花。

趙國大長公主葉里迷失，定宗女，適孛（答）〔要合〕子趙忠襄王君不花。〔五〕

趙國大長公主忽答迭迷失，裕宗女，適（君）〔愛〕不花子趙忠獻王闊里吉思，〔六〕繼室以趙國大長公

武王按嗔那顏子斡陳駙馬。

魯國公主薛只干，太祖孫女，適斡陳弟納陳駙馬。

魯國長公主完澤，適斡陳男斡羅眞駙馬。

魯國大長公主囊家眞，世祖女，適納陳子帖木兒，再適帖木兒弟蠻子台。

魯國大長公主南阿不刺，裕宗女，適蠻子台。

魯國徽文懿福（眞）〔貞〕壽大長公主祥哥刺吉，

寵孫懷都駙馬。

釆眞公主，適〔懷〕都弟愛不哥駙馬。〔七〕

鄆國大長公主忙哥台，適愛不哥子寧濮郡王昌吉。

大長公主桑哥不刺，適愛不哥子岐王脫脫木兒。

札牙八刺公主，適駙馬。

魯魯罕公主，適孛花弟寧昌郡王唆都哥。繼室以魯倫公主。

昌國大長公主伯雅倫，憲宗女，適札忽爾陳子昌忠宣王忽鄰。繼室以昌國大長公主卜蘭奚。

普顏可里美思公主，適唆都哥子寧昌郡王不鄰吉歹。

昌國大長公主益里海涯，成宗女，適忽鄰子昌王阿失。繼室以昌國大長公主愛牙（迷）失〔里〕，〔八〕成宗女也。

趙國大長公主亦憐眞，適君不花子趙忠烈王囊家台。

趙國大長公主回紇，適君不花弟趙康禧王喬鄰察。〔九〕

趙國大長公主阿失禿魯，適愛不花子鄃忠襄王朮忽難。

大長公主（桑）〔速〕哥八剌，〔一〇〕適囊家台子趙王〔一一〕順宗女，適帖木兒子琱阿不剌。

魯國大長公主普納，適帖木兒子魯王桑哥不剌。

肅雍賢寧公主朶兒只班，適琱阿八剌子阿里嘉實利。

大長公主拜塔沙，適按陳裔孫買住罕。

台忽普都公主，〔一二〕適按陳裔孫安遠王丑漢。

唆兒哈罕公主，太宗女，適按陳孫納合。

買的，憲宗〔曾〕孫女也。

〔一三〕

昌國大長公主烟合牙，適昌王八剌失里。

昌國大長公主月魯，適八剌失里子昌王沙藍朵兒。

〔一四〕

奴兀倫公主，安西王女，適忽鄰弟瑣郎哈。

高昌公主位

也立（可）〔安〕敦公主，

〔一五〕太祖女，適亦都護巴而述阿兒忒的斤。

馬札罕。

高麗公主位

齊國大長公主忽都魯堅迷失，世祖之女，適高麗王愖，卽王昛也。

斡可眞公主，適火忽孫不只兒。

不魯罕公主，適特薛禪孫脫羅禾，繼室以仁宗女闊闊倫公主。

阿昔倫公主位

阿昔倫公主，適阿脫駙馬。

捌只鑾公主，適阿脫弟忽都虎駙馬。

帶魯罕公主位

帶魯罕公主，適拔都駙馬。

捌思鑾公主，適拔都子阿朮魯駙馬。

巴巴哈兒公主，定宗女，適巴而述阿而忒的斤曾孫亦都護火赤哈兒的斤。

不魯罕公主，太宗孫女，適火赤哈兒子高昌王紐林的斤。主薨，繼室以其妹八卜叉公主。叉薨，繼室以兀剌眞公主，世祖之孫安西王阿難答女也。

朶而只思蠻公主，太宗之子闊(瑞)〔端〕之女，〔一六〕適高昌王帖睦兒補化。

薊國大長公主，高麗王妃卜答失利，顯宗女，適瀋王王源，即王璋也。

濮國長公主高麗王妃亦憐只班，世祖之孫營王也先帖木兒女，適瀋王王燾。主薨，繼室以曹國長公主高麗王妃金童，順宗子魏王女也。

□國公主，顯宗之子梁王松山女，適瀋王王暠。

獨木罕公主位

獨木罕公主，適察忽駙馬。

伯要眞公主，適察忽子也先駙馬。

也里侃公主，適也先子迭木迭兒駙馬。

脫烈公主位

脫烈公主，適阿爾思蘭子也先不花駙馬。

八八公主，適也先不花子忽納答兒駙馬。

□公主，〔一七〕適忽納答兒子剌海涯里那駙馬。

延安公主位	火魯公主，適哈答駙馬。 闊闊干公主，〔一八〕適脫（赤禾）〔欒〕赤駙馬。〔一九〕 脫脫灰公主，世祖孫女，適禿滿答兒駙馬。 □□公主，適別里迷失駙馬。 □□公主，適沙藍駙馬。 延安公主，適延安王也不干。
□□公主位	□□□公主，適塔出駙馬。〔二〇〕 □□公主，適塔出子朮真伯駙馬。〔二一〕 □□公主，適朮真伯子別合剌駙馬。 □□公主，適別合剌子塔八駙馬。
□□公主位	□□公主，適忒不歹駙馬。 □□公主，適忒不歹曾孫塔賽駙馬。 □□公主，適塔賽子哈丹駙馬。 □□公主，適哈丹子朵忽駙馬。
各公主位	完者台公主，適永寧王卯澤。 英壽大長公主妥（安）〔妥〕輝，世祖孫女也。〔二二〕 壽寧大長公主，顯宗女，泰定皇帝伯姊也。

明慧貞懿大長公主不答昔你，明宗之女。
□□公主，適合納那顏孫奔忒古兒駙馬。
買買公主
阿剌歹公主
木答里公主
雪雪的斤公主
阿失禿公主
失憐答里公主

校勘記

〔一〕瓮吉八忽公主　錢大昕十駕齋養新錄卷一五朝城縣令旨碑云：「朝城縣興國寺有令旨碑」，「第三道旨云，據公主百戶、駙馬會都地面裏朝城縣。按食貨志，鄆國公主位丙申年分撥濮州三萬戶。朝城爲濮州屬縣，即其分地。又，公主表有瓮吉八忽公主適赤窟孫懷都駙馬。懷都即碑所稱會都，聲相近也。」按本書卷五世祖紀中統四年正月甲午、六月癸酉、七月乙酉各條有「公主拜忽」、「八忽」、「百戶」、「拜忽」當是同名異譯，皆公主名。疑此處「瓮吉」當作「瓮吉剌」，指駙馬姓氏。

〔二〕帖堅干　通制條格卷二戶例作「帖里干駙馬」，與拉施特史集譯音相符。疑「堅」爲「里」之誤。

〔三〕昌武定王瑣兒哈　元文類卷二五張士觀駙馬昌王世德碑云：「追封昌王，謚忠定。」蒙史改「武」爲「忠」，疑是。

〔四〕昌(武)〔忠〕靖王札忽爾陳　據本書卷一一八孛秃傳及元文類卷二五張士觀駙馬昌王世德碑改。蒙史已校。

〔五〕孛(答)〔要合〕　據本書卷一一八阿剌兀思剔吉忽里傳改。元文類卷二三閻復闊里吉思碑、中庵集卷四駙馬趙王先德加封碑銘皆作「孛要合」。蒙史已校。

〔六〕(君)〔愛〕不花子趙忠獻王闊里吉思　據本書卷一一八阿剌兀思剔吉忽里傳改。前條校勘記所列碑、碑銘均謂闊里吉思爲愛不花子。表涉前見「君不花」而誤。蒙史已校。

〔七〕采眞公主適〔懷〕都弟愛不哥　從殿本補。

〔八〕愛牙（迷）失〔里〕　據本書卷一一八阿剌兀思剔吉忽里傳删補。元文類卷二三闊里吉思碑作「愛失里」，中庵集卷四駙馬趙王先德加封碑銘作「愛牙失里」，內蒙古出土林子良王傅德風堂碑記作「愛雅失里」。表涉前見「忽答迭迷失」而誤。蒙史已校。

〔九〕君不花弟趙康禧王喬鄰察　「弟」當作「子」，疑「禧」應作「僖」。前條校勘記所列碑、碑銘均謂喬鄰察係君不花次子，蒙史改「弟」爲「子」，是。又柳待制集卷七趙王追封三代制有「追封趙王，謚康僖」，疑此處「禧」字訛。

〔一〇〕（桑）〔速〕哥八剌　據本書卷二七英宗紀至治元年八月庚戌條所見改。林子良王傅德風堂碑記作「速哥八剌」。

〔一一〕魯國徽文懿福（眞）〔貞〕壽大長公主祥哥剌吉　據尚師簡、張起巖張氏先塋之碑，馬祖常、尚師簡張應瑞先德之碑，胡祖廣加封相哥八剌魯王元勳世德碑改。蒙史已校。

〔一二〕台忽普都　本書卷一一八特薛禪傳作「台忽魯都」。蒙史改「普」爲「魯」，疑是。

〔一三〕買的憲宗〔曾〕孫女也　據本書卷一一八孛禿傳補。卷二九泰定紀泰定元年四月丁卯條稱買的爲皇妹，證其爲元憲宗曾孫女。

〔一四〕昌王沙藍朵兒　疑「兒」下脫「只」字。見卷一〇八校勘記〔一六〕。

〔一五〕也立(可)〔安〕敦　據本書卷一二二巴而朮阿而忒的斤傳及元文類卷二六虞集高昌王世勳碑改。

〔一六〕朶而只思蠻公主太宗之子闊(瑞)〔端〕之女　「瑞」訛，從殿本改。又，本書卷一二二巴而朮阿而忒的斤傳及元文類卷二六虞集高昌王世勳碑皆云「朶而只思蠻，闊端太子孫女也」。蒙史改「之女」爲「之女孫」，疑是。

〔一七〕□公主　原墨釘，北監本補「鐵」字。

〔一八〕闊闊干公主　蒙史改作「扯扯亦堅」，幷注云：「原作闊闊干，音差。且蒙兀語花曰扯扯，青曰闊闊，義既不同，聲又不近，當是元史之訛。」勘以元朝秘史、拉施特史集譯音，「闊闊」二字當爲「闍闍」之誤。

〔一九〕脫(亦禾)〔欒〕赤　「亦禾」係誤析簡體「欒」字爲二，今改。「脫欒赤」，元朝秘史作「脫劣勒赤」，爲斡亦剌部主忽都花別吉之子。

〔二〇〕□□□公主適塔出駙馬　原墨釘。拉施特史集云：塔出駙馬尚成吉思汗幼女，名阿勒塔侖。按元史譯音用字例，闕文當作「按塔倫」。

〔二一〕□□公主適塔出子朮眞伯駙馬　原墨釘。拉施特史集云：塔出駙馬有子名朮眞伯，尚蒙哥汗之女名失鄰者。闕文當作「失鄰」。

〔三〕英壽大長公主妥(安)〔妥〕懽世祖孫女也　「安」訛，從殿本改。本書卷三八順帝紀元統二年二月丁丑條有「封皇姑妥妥懽爲英壽大長公主」。按順帝爲世祖五世孫，旣稱妥妥懽爲皇姑，妥妥懽當非世祖孫女。疑「世祖」下脫「裔」或「玄」字。

元史卷一百十

表第五上

三公表

古者三公之職，寅亮天地，燮理陰陽，以論道經邦者也。元初，以太師、太傅、太保爲三公，自木華黎國王始爲太師，後凡爲三公者，皆國之元勳，而漢人則惟劉秉忠嘗爲太保，其後鮮有聞矣。其制又有大司徒、司徒、太尉、司空之屬，然其置否不常，人品或混，故置者又或開府不開府焉。若夫東宮，亦嘗置三師、三少，而不恒有也。今固不得而悉著之，惟自木華黎而下，得拜三公者若干人，作三公表。

太祖皇帝

	太師	太傅	太保
丙寅 元年			

丁卯	二年			
戊辰	三年			
己巳	四年			
庚午	五年			
辛未	六年			
壬申	七年			
癸酉	八年			
甲戌	九年			
乙亥	十年			
丙子	十一年			
丁丑	十二年	木華黎		

戊寅	十三年	木華黎		
己卯	十四年	木華黎		
庚辰	十五年	木華黎		
辛巳	十六年	木華黎		
壬午	十七年	木華黎		
癸未	十八年	木華黎		
甲申	十九年			
乙酉	二十年			
丙戌	二十一年			
丁亥	二十二年			
戊子				

太宗皇帝

己丑	元年	阿海	禿懷	明安
庚寅	二年			
辛卯	三年			
壬辰	四年			
癸巳	五年			
甲午	六年			
乙未	七年			
丙申	八年			
丁酉	九年			
戊戌	十年			

按和林廣記多載國初之事，內有太師阿海、太傅禿懷、太保明安之名，及他公牘所報，亦間見之；然拜罷歲月之先後，不可考矣。故著于此。

己亥	十一年
庚子	十二年
辛丑	十三年
壬寅	
癸卯	
甲辰	
乙巳	
定宗皇帝	
丙午	元年
丁未	二年
戊申	三年

己酉				
庚戌				

憲宗皇帝

辛亥	元年			
壬子	二年			
癸丑	三年			
甲寅	四年			
乙卯	五年			
丙辰	六年			
丁巳	七年			
戊午	八年			

己未	九年			
世祖皇帝				
庚申	中統元年			
辛酉	二年			
壬戌	三年			
癸亥	四年			
甲子	至元元年			劉秉忠
乙丑	二年			劉秉忠
丙寅	三年			劉秉忠
丁卯	四年			劉秉忠
戊辰	五年			劉秉忠

己巳	六年			劉秉忠
庚午	七年			劉秉忠
辛未	八年			劉秉忠
壬申	九年			劉秉忠
癸酉	十年			劉秉忠
甲戌	十一年			劉秉忠
乙亥	十二年			
丙子	十三年			
丁丑	十四年			
戊寅	十五年			
己卯	十六年			

庚辰	十七年			
辛巳	十八年			
壬午	十九年			
癸未	二十年			
甲申	二十一年			
乙酉	二十二年			
丙戌	二十三年			
丁亥	二十四年			
戊子	二十五年			
己丑	二十六年			
庚寅	二十七年			

辛卯	二十八年			
壬辰	二十九年			
癸巳	三十年			
甲午	三十一年			
成宗皇帝				
乙未	元貞元年			月赤察兒
丙申	二年			月赤察兒
丁酉	大德元年			月赤察兒
戊戌	二年			月赤察兒
己亥	三年			月赤察兒
庚子	四年	月赤察兒	完澤	

辛丑	五年	月赤察兒		
壬寅	六年	月赤察兒		
癸卯	七年	月赤察兒		
甲辰	八年			
乙巳	九年			
丙午	十年			
丁未	十一年		哈剌哈孫	塔剌海
武宗皇帝				
戊申	至大元年			
己酉	二年			
庚戌	三年	阿剌不花	乞台普濟	三寶奴

		脫兒赤顏		
辛亥	四年	脫兒赤顏	忽魯忽答	
			乞台普濟	
			帖可	

仁宗皇帝

壬子	皇慶元年	阿撒罕	帖可	曲出
癸丑	二年	阿撒罕	伯忽	曲出
甲寅	延祐元年	阿撒罕	伯忽	曲出
乙卯	二年	阿撒罕	伯忽	曲出
丙辰	三年	鐵木迭兒	伯忽	曲出
丁巳	四年	鐵木迭兒	伯忽	曲出

戊午 五年		伯忽	曲出
己未 六年	鐵木迭兒〔一〕	伯忽	曲出
庚申 七年	鐵木迭兒	朶觧	曲出
英宗皇帝			
辛酉 至治元年	鐵木迭兒	朶觧	曲出
壬戌 二年	鐵木迭兒	朶觧	曲出
癸亥 三年		朶觧	
泰定皇帝			
甲子 泰定元年	伯忽	朶觧	伯顏察兒
乙丑 二年	按塔出	朶觧	禿忽魯
丙寅 三年		朶觧	禿忽魯

丁卯	四年		朶䚟	禿忽魯
文宗皇帝				
戊辰	天曆元年	燕鐵木兒	伯答沙	
己巳	二年	燕鐵木兒	伯答沙	伯顏
庚午	至順元年	燕鐵木兒	伯答沙	伯顏
辛未	二年	燕鐵木兒	伯答沙	伯顏
〔壬申〕	〔三年〕	〔燕鐵木兒〕〔二〕		

校勘記

〔一〕鐵木迭兒　考異云：「案是年四月以鐵木迭兒爲太子太師，非太師也。至次年三月，始復除太師。表於是年已書鐵木迭兒，誤也。」

〔二〕〔壬申〕〔三年〕〔燕鐵木兒〕　從殿本補。

元史卷一百一十一

表第五下

三公表二

順帝

	太師	太傅	太保
癸酉 元統元年	燕鐵木兒	撒敦	
	伯顏		
甲戌 二年	伯顏	撒敦	燕不鄰
乙亥 至元元年	伯顏	撒敦	定住

		完者帖木兒	（定住）〔一〕
丙子 二年	伯顏		定住
丁丑 三年	伯顏		（馬札兒台）〔定住〕〔二〕
			馬札兒台
戊寅 四年	伯顏		馬札兒台
己卯 五年	伯顏		馬札兒台
庚辰 六年	伯顏	塔失海牙	探馬赤
	馬札兒台		
辛巳 至正元年	馬札兒台		
壬午 二年	馬札兒台		
癸未 三年	馬札兒台		

甲申	四年	馬札兒台		
乙酉	五年	馬札兒台		伯撒里
丙戌	六年	馬札兒台		伯撒里
丁亥	七年	馬札兒台		別兒怯不花
戊子	八年		脫脫	
己丑	九年		脫脫	
庚寅	十年		脫脫	
辛卯	十一年		脫脫	阿魯圖
壬辰	十二年	脫脫		
癸巳	十三年	脫脫		
甲午	十四年	脫脫	汪家奴	伯撒里

乙未	十五年	汪家奴	衆家奴	定住
				伯撒里
丙申	十六年	汪家奴	衆家奴	定住
丁酉	十七年	汪家奴	衆家奴	定住
戊戌	十八年	汪家奴	衆家奴	搠思監
				定住
己亥	十九年	汪家奴		搠思監
庚子	二十年	汪家奴		搠思監
			太平	太平
辛丑	二十一年	汪家奴	老章	搠思監
壬寅	二十二年	汪家奴	老章	搠思監

癸卯	二十三年	汪家奴	老章	
甲辰	二十四年			孛羅帖木兒
乙巳	二十五年	伯撒里	擴廓帖木兒	禿堅帖木兒
丙午	二十六年	伯撒里	擴廓帖木兒	
丁未	二十七年			也速
戊申	二十八年		擴廓帖木兒	也速

校勘記

〔一〕（定住） 從殿本删。

〔二〕（馬札兒台）（定住） 此處馬札兒台之名重書，從殿本删、補。本書卷三九順帝紀至元三年二月丙申條有「太保定住薨」，十二月有「是月，以馬札兒台爲太保」。

元史卷一百一十二

表第六上

宰相年表

宰相者，上承天子，下統百司，治體繫焉。元初，將相大臣，年月疏闊，簡牘未詳者則闕之。中統建元以來，宰執之官，其拜罷歲月之可考者，列而書之。作宰相年表。

	中書令	右丞相	左丞相	平章政事	右丞	左丞	參知政事
太祖皇帝							
丙寅 元年							
丁卯 二年							
戊辰 三年							

己巳	四年							
庚午	五年							
辛未	六年							
壬申	七年							
癸酉	八年							
甲戌	九年							
乙亥	十年							
丙子	十一年							
丁丑	十二年							
戊寅	十三年							
己卯	十四年							
庚辰	十五年							

辛巳	十六年						
壬午	十七年						
癸未	十八年						
甲申	十九年						
乙酉	二十年						
丙戌	二十一年						
丁亥	二十二年						
戊子							
太宗皇帝							
己丑	元年						
庚寅	二年						
辛卯	三年						

壬辰	四年
癸巳	五年
甲午	六年
乙未	七年
丙申	八年
丁酉	九年
戊戌	十年
己亥	十一年
庚子	十二年
辛丑	十三年
壬寅	
癸卯	

甲辰	
乙巳	
定宗皇帝	
丙午	元年
丁未	二年
戊申	三年
己酉	
庚戌	
憲宗皇帝	
辛亥	元年
壬子	二年
癸丑	三年

	中書令	右丞相	左丞相	平章政事	右丞	左丞	參知政事
甲寅 四年							
乙卯 五年							
丙辰 六年							
丁巳 七年							
戊午 八年							
己未 九年							
世祖皇帝							
庚申 中統元年 是年置丞相一員。		禡禡		王文統 趙璧	〔廉希憲〕〔一〕	〔張文謙〕〔二〕	張啓元
辛酉 二年		不花	忽魯不花	塔察兒	張〔啓元〕〔三〕	張文謙	商挺

		史天澤	耶律鑄	王文統 賽典赤 廉希憲			楊果
壬戌 三年		不花 史天澤	忽魯不花 耶律鑄	塔察兒 王文統 賽典赤 廉希憲	粘合〔南合〕〔四〕 張〔啓元〕	闊闊 張文謙	商挺 楊果
癸亥 四年		不花 六月。 線眞代。 史天澤	忽魯不花 六月。 塔察兒代。 耶律鑄	塔察兒 六月陞左丞相。 （王文統）〔五〕 趙璧 賽典赤	粘合〔南合〕 張〔啓元〕	闊闊 張文謙 姚樞	商挺 楊果

					廉希憲			
甲子	至元元年		線眞 史天澤	塔察兒 耶律鑄	賽典赤 廉希憲	張〔啓元〕 阿里別	張文謙	商挺 楊果
乙丑	二年 是年置丞相五員。		安童 忽都察兒〔六〕 史天澤 耶律鑄〔七〕 伯顏〔八〕		趙璧 廉希憲 阿合馬 (賽)〔寶〕合丁〔九〕	張〔啓元〕 阿里別	姚樞	商挺 王〔晉〕〔一〇〕
丙寅	三年 是年置丞相五員。		安童 忽都察兒 史天澤 耶律鑄		廉希憲 宋子貞	阿里別	張〔文謙〕〔一一〕	王〔一二〕 商挺

			伯顏				
丁卯	四年		安童	史天澤	忽都察兒 耶律鑄	伯顏	廉希憲	阿里別 張惠〔一三〕
戊辰	五年		安童	史天澤	忽都察兒 耶律鑄〔一四〕	伯顏	廉希憲	阿里別 張惠
己巳	六年		安童	史天澤〔一五〕	忽都察兒 耶律鑄	伯顏	廉希憲	阿里別 張惠
庚午	七年 是年置尚書省，惟設平章政事以下員。		安童 中書省。	忽都察兒 耶律鑄	阿合馬 張易 尚書省。	伯顏 趙〔璧〕〔一六〕	廉希憲 許衡	阿里別 張惠 張惠 李〔堯咨〕〔一七〕 麥朮督丁

辛未	八年 是年置尚書省，十二月罷。		安童 中書省。	忽都察兒 耶律鑄〔一八〕	阿合馬 張易 尚書省。	伯顏〔一九〕 趙〔璧〕	廉希憲〔二〇〕 許衡	阿里別 張惠 張惠 李〔堯咨〕 麥朮督丁
壬申	九年		安童	忽都察兒	哈伯〔二一〕 張易	趙〔璧〕		李〔堯咨〕 麥朮督丁
癸酉	十年		安童	忽都察兒	哈伯 阿合馬 張易〔二二〕	趙〔璧〕〔二三〕	張〔惠〕〔二四〕	李〔堯咨〕 麥朮督丁
甲戌	十一年		安童	忽都察兒	哈伯 阿合馬 張易	趙〔璧〕	張〔惠〕〔二五〕	李〔堯咨〕 麥朮督丁

乙亥	十二年		安童	忽都察兒	哈伯 阿合馬 張易	趙〔璧〕	張〔惠〕	李〔堯咨〕 麥朮督丁
丙子	十三年			忽都察兒	哈伯 阿合馬 趙			郝禎
丁丑	十四年			忽都察兒	哈伯 阿合馬	張〔惠〕		郝禎
戊寅	十五年				哈伯 阿里 阿合馬	張〔惠〕		耿仁
己卯	十六年				阿合馬 哈伯	張〔惠〕		郝禎 耿仁

庚辰	辛巳	壬午	癸未	甲申	乙酉
十七年	十八年	十九年	二十年	二十一年	二十二年
		甕吉剌䚟 正月至三月。 和禮霍孫 四月至十二月。	和禮霍孫	和禮霍孫	安童
		阿合馬 耶律鑄	耶律鑄	耶律鑄〔二六〕	
阿合馬 哈伯	阿合馬		扎珊	扎珊〔二七〕	阿必失哈
張〔惠〕	張〔惠〕	扎珊 張〔惠〕 麥朮督丁	麥朮督丁	麥朮督丁	盧世榮
	耿仁 郝禎	耿仁 郝禎 張阿亦伯			史〔樞〕〔二八〕
郝禎 耿仁	阿里	阿里 張鵬舉	張鵬舉 溫迪罕	張鵬舉 溫迪罕	撒的迷失

					忽都魯			廉不魯迷 失海牙[二九]
丙戌	二十三年		安童		薛闍干	麥朮督丁	也速䚟兒	楊居寬 [三〇] 郭佑[三一] 廉不魯迷 失海牙
丁亥	二十四年 是年置尚書省，設官如七年制。		安童 中書省。		薛闍干 麥朮督丁 桑哥 帖木兒 尚書省。	阿魯渾薩理	葉李	楊居寬 不顏里海牙 馬紹 忻都

戊子	二十五年 是年置尚書省，始增丞相一員。		安童 中書省。 桑哥 尚書省。		伯答兒〔三二〕 麥朮督丁 帖木兒 阿魯渾薩理	崔〔彧〕〔三三〕 葉李	馬紹	何〔榮祖〕〔三四〕 張住哥 忻都 夾谷
己丑	二十六年 是年置尚書省。		安童 中書省。 桑哥 尚書省。		伯答兒 麥朮督丁 帖木兒 阿魯渾薩理	崔〔彧〕 葉李	忻都	張吉甫 張住哥 何〔榮祖〕 夾谷
庚寅	二十七年 是年置尚書省。		安童 中書省。 桑哥		伯答兒 麥朮督丁 帖木兒	崔〔彧〕 葉李	馬紹	張吉甫 張住哥 何〔榮祖〕

	辛卯	壬辰
	二十八年 是年置尚書省，正月至五月罷。	二十九年
尚書省。	完澤 中書省。 桑哥 尚書省。	完澤
阿魯渾薩理	不忽木 咱喜魯丁 帖木兒 阿魯渾薩理	帖可 剌眞 麥朮督丁 商議省事。
忻都	何榮祖 葉李 忻都	何榮祖 商議省事。 阿里
	馬紹 馬紹	馬紹
夾谷 十一月燕眞忽都魯代。	賀勝 杜〔思敬〕〔三五〕 何〔榮祖〕 燕眞忽都魯	杜〔思敬〕 梁暗都剌

	癸巳	甲午
	三十年	三十一年
	完澤	完澤
不忽木 咱喜魯丁	賽典赤 帖可 麥朮督丁 商議省事。 刺眞 不忽木 咱喜魯丁	賽典赤 帖可 刺眞 麥朮督丁
	何榮祖 商議省事。 阿里	何榮祖 商議省事。 阿里 張〔九思〕
	張〔九思〕〔三六〕	梁暗都刺
	杜〔思敬〕 梁暗都刺	杜〔思敬〕 何〔瑋〕〔三七〕

				不忽木	十一月創增。		
成宗皇帝							
乙未 元貞元年		完澤		賽典赤 帖可 剌真 麥朮督丁 不忽木	何榮祖 阿里 張九思	梁暗都剌 楊〔炎龍〕〔三八〕	阿老瓦丁 三月改除。 何〔瑋〕
丙申 二年		完澤		伯顏 帖可 剌真 不忽木 段那海 三月至十二月。	張九思 阿里 三月至十二月。	梁暗都剌 楊〔炎龍〕	呂〔天麟〕〔三九〕 何〔瑋〕

丁酉	大德元年		完澤		賽典赤 段那海 帖可 剌眞 也先帖木兒 四月至十二月。	阿里 正月至三月。 張九思 梁暗都剌 四月至閏十二月。	梁暗都剌 正月至三月。 八都馬辛 四月至閏十二月。 楊〔炎龍〕	呂〔天麟〕 張〔斯立〕〔四〇〕六月至十二月。 何〔瑋〕 正月至五月。
戊戌	二年		完澤		賽典赤 段那海 帖可 剌眞 也先帖木兒 正月一月。	梁暗都剌 正月至三月。〔四一〕 張九思 正月至二月。	楊〔炎龍〕 八都馬辛 正月至六月。	呂〔天麟〕 張〔斯立〕

	己亥 三年	庚子 四年
	完澤	完澤
	哈剌哈孫	哈剌哈孫
梁暗都剌 四月至十二月。	賽典赤 帖可 剌眞 正月至七月。 段那海 梁暗都剌	賽典赤 段那海 梁俺都剌 阿魯渾薩理 八月至十二月。
	楊（炎龍） 八都馬辛	八都馬辛 楊（炎龍）
	月古不花 五月至十二月。	月古不花 呂（天麟）
	迷兒火者 三月至十二月。 呂（天麟） 正月一月。 張斯立	迷兒火者 張斯立 哈剌蠻子

辛丑 五年		完澤	哈剌哈孫	賽典赤 段那海 梁俺都剌 阿魯渾薩理	八都馬辛 楊〔炎龍〕	呂〔天麟〕 月古不花	迷兒火者 張斯立 哈剌蠻子
壬寅 六年		完澤	哈剌哈孫	賽典赤 阿魯渾薩理正月至七月。 段那海 梁暗都剌	八都馬辛 楊〔炎龍〕正月至三月。	月古不花 呂〔天麟〕正月至八月。	迷兒火者正月至七月。 哈剌蠻子正月至七月。 張斯立
癸卯 七年		完澤正月至四月。	阿忽台八月至十二月。	賽典赤正月至二月。	八都馬辛正月一月。	月古不花正月一月。	哈剌蠻子正月一月。

	甲辰
	八年
哈剌哈孫 九月至十二月。	哈剌哈孫
	阿忽台
阿老瓦丁 三月至十二月。 段那海 正月一月。 阿魯渾薩理 正月一月。 梁暗都剌 正月一月。 木八剌沙 三月至十二月。	阿老瓦丁 正月至九月。
洪雙叔 四月至十二月。	洪雙叔 正月一月。
尙文 三月至十二月。	尙文 火失海牙
朶䚟 三月至七月。 迷兒火者 正月一月。 張〔斯立〕 正月一月。 董〔士珍〕〔四二〕 四月至十二月。	朶䚟 迷兒火者

	乙巳
	九年
	哈剌哈孫
	阿忽台
伯顏 十月至十二月。 帖可 阿里 十月至十二月。	伯顏 阿里 正月至七月。 八都馬辛 八月至十二月。 段那海
塔思不花 二月至十二月。 八都馬辛 十一月至十二月。	長壽 正月至八月。 八都馬辛 正月至七月。
十一月一月。	尙文 正月至七月。
十月至十二月。 董士珍 正月一月。 趙仁榮〔四三〕 二月至九月。 張祐〔四四〕 十月至十二月。	脫歡 正月至六月。 迷兒火者 正月至八月。 張祐 正月至十月。

				九月至十二月。			
丙午 十年		哈剌哈孫	阿忽台	帖可 三月至十二月。 阿散 三月至十二月。 伯顏 正月至閏正月。 段那海 正月至閏正月。 八都馬辛 徹里 二月至十月。	哈剌蠻子	章閭 四月至十二月。 迷兒火者 正月至閏正月。 杜〔思敬〕〔四五〕 三月至十二月。	也先伯 三月至十二月。
丁未 十一年		哈剌哈孫	阿忽台	帖可	哈剌蠻子	杜〔思敬〕	也先伯

正月至八月。							
正月至二月。又八月至十二月。〔四六〕							
正月至二月。	阿散 正月至八月。	教化 八月至十二月。	八都馬辛 正月至二月。	床兀兒 五月至十二月。	塔失海牙 八月至十二月。	脫脫 八月至九月。	
正月至二月。	孛羅帖木兒 九月至十二月。	孛羅答失 八月至十二月。	王〔壽〕〔四七〕 八月一月。	劉〔正〕〔四八〕 十一月至十二月。	郝〔天挺〕〔四九〕 十一月至十二月。	抄兒赤	
正月至三月。	章閭 正月至三月。	阿都赤 正月至七月。	阿里伯 五月至十二月。	斡羅思 七月至十二月。			
正月至八月。	劉〔五〇〕 正月至三月。	撒剌兒 六月至九月。	于璋 十一月至十二月。	烏伯都剌 九月至十二月。	欽察		

戊申 至大元年	武宗皇帝
答剌海 正月至三月。	
脫脫 閏十一月至十二月。	
塔失海牙 床兀兒	法忽魯丁 八月至九月。 別不花 八月至九月。 阿沙不花 五月至十二月。 乞台普濟 六月至十二月。 明里不花 六月至十二月。
孛羅帖木兒	六月至十二月。 塔海 六月至十二月。
尚文 八月至十二月。	
烏伯都剌 正月至十一月。	

塔思不花 九月至十二月。 乞台普濟 閏十一月至十二月。
乞台普濟 二月至十一月。
正月至三月。 乞台普濟 正月至二月。 教化 正月一月。 阿沙不花 右丞相行平章政事，二月至十二月。 阿散 四月至六月。 脫脫木兒 四月至十二月。 赤因帖木兒
劉〔正〕 十二月一月。 孛羅答失 正月至十一月。 扎忽兒觧 閏十一月至十二月。
忽都不丁 八月至十二月。 郝〔天挺〕 劉〔楫〕〔五一〕 正月至十月。 何〔瑋〕〔五二〕 十月至十一月。 烏伯都剌 閏十一月至十二月。
郝〔彬〕〔五三〕 十月至十一月。 于〔璋〕〔五四〕 正月至九月。 伯都 閏十一月至十二月。 高昉 閏十一月至十二月。

	己酉
	二年
	塔思不花 乞台普濟 中書省。
	脫脫 九月至十二月。
閏十一月至十二月。 察乃 閏十一月至十二月。	（哈）〔塔〕失扎忽兒解 海牙〔三三〕 三月至十月。 阿散 三月至十月。〔三六〕 赤因帖木兒 九月至十二月。 察乃 八月至十二月。
	劉〔正〕
	郝〔天挺〕 正月至十一月。 烏伯都剌 正月至十二月。 脫脫 九月至十二月。
	伯都 正月至十月。 高昉

		庚戌 三年
年	是年置尚書省。	是年置尚書省，明年正月罷。
中書令		
右丞相	乞台普濟 八月至十二月。尚書省。	塔思不花 中書省。 脫脫 尚書省。
左丞相	脫脫	脫脫 三寶奴
平章政事	三寶奴 八月至九月。 伯顏 十一月至十二月。 樂實 八月至十二月。	赤因帖木兒 阿散 察乃 樂實 伯顏
右丞	保八 八月至十二月。	伯都 正月一月。 忽都不丁 七月至十一月。 保八
左丞	忙哥帖木兒 八月至十二月。	忽都不丁 正月至六月。 斡只 八月至十一月。 忙哥帖木兒
參知政事	王羆 八月至十二月。 郝彬 八月至十二月。	帖里脫歡 賈〔鈞〕〔五七〕 正月至十一月。 回回 八月至十二月。 王羆 郝彬

辛亥	四年		帖木迭兒	脫脫 正月一月。	察乃 赤因帖木兒 李孟 二月至十二月。 完澤 二月至八月。 阿散 十二月一月。	忽都不丁 正月至三月。 烏伯都剌 四月至八月。	斡只 正月一月。 李〔士英〕〔五八〕 二月至十二月。	帖里脫歡 正月至八月。 賈〔鈞〕 正月至八月。
仁宗皇帝								
壬子	皇慶元年		帖木迭兒	阿散 九月至十二月。		烏伯都剌	李〔士英〕 正月至二月。 八剌脫因	察罕 正月至九月。 阿卜海牙

	癸丑
	二年
	帖木迭兒 正月一月。 禿忽魯 正月至十二月。
	阿散
	章閭 張珪 正月至五月。 烏伯都剌 六月至十二月。
	烏伯都剌 正月至五月。 八剌脫因 六月至十二月。
三月至十二月。	八剌脫因 正月至五月。 阿卜海牙 六月至十二月。
十月至十二月。 賈〔鈞〕 正月至三月，又九月至十二月。 許師敬 九月至十二月。	許師敬 阿卜海牙 正月至五月。 禿魯花帖木兒 六月至七月。 薛〔居敬〕〔五九〕 九月至十二月。

甲寅	延祐元年		禿忽魯 正月至二月。	阿散	章閭 正月至十月。 烏伯都剌 正月至八月。	八剌脫因 正月至十一月。 拜住 十二月一月。	阿卜海牙	趙世延
乙卯	二年		帖木迭兒	阿散	烏伯都剌 李孟	拜住	阿卜海牙	曹〔從革〕〔六〇〕 趙世延 正月至九月。 郭〔貫〕〔六一〕 十一月一月。
丙辰	三年		帖木迭兒	阿散	烏伯都剌 李孟 伯帖木兒	拜住 正月至五月。 阿里海牙	阿卜海牙 六月至八月。〔六二〕 (王毅)〔郭	郭〔貫〕 正月至五月。 不花

	丁巳
	四年
	帖木迭兒 正月至六月。 伯答沙 九月至十二月。
	阿散
六月至十二月。 拜住 六月至十二月。	伯帖木兒 正月至七月。 赤因帖木兒 六月至十二月。 拜住 正月至五月。 阿里海牙
六月至八月。	阿卜海牙 正月至五月。 乞塔 六月至十二月。
貫〕〔六三〕 六月至八月。 王〔毅〕〔六四〕 十月至十二月。	王毅 正月至五月。 高昉 六月至十二月。
六月至十二月。 曹〔從革〕 正月至七月。 乞塔 九月至十二月。	乞塔 正月至五月。 煥住 六月至十二月。 高昉 正月至五月。 張〔思明〕〔六五〕 六月一月。

		戊午 五年
右丞相		伯答沙
左丞相		阿散
平章政事	六月至十二月。 李孟 正月至六月。 王毅 八月至十二月。 烏伯都剌	赤因帖木兒 正月至九月。 阿里海牙 亦列赤 十月至十二月。 烏伯都剌 王毅
右丞		乞塔 正月至四月。 亦列赤 六月至九月。 高昉 十月至十二月。
左丞		高昉 正月至九月。 煥住 十月至十二月。
參知政事	王〔桂〕〔六〕 七月至十二月。	煥住 正月至九月。 王〔桂〕 正月至四月。 敬儼 五月至十二月。 燕只哥 十月至十二月。

己未	六年		伯答沙	阿散	烏伯都剌 阿里海牙 王毅 亦列赤正月至十一月。	高昉	煥住	敬儼正月至八月。 燕只哥正月至九月。 張思明閏八月至十二月。 欽察十月至十二月。
庚申	七年		伯答沙正月一月。 帖木迭兒二月至十二月。	阿散正月至四月。 拜住六月至十二月。	答失海牙六月至十二月。 乃剌忽六月至七月。 帖木兒脫	高昉正月至二月。 木八剌三月至十二月。	煥住正月一月。 張思明三月至十二月。	欽察正月至五月。 張思明 只兒哈郎六月至十二月。

六月至十二月。
拜住
五月一月。
烏伯都剌
正月一月。
廉米只兒海
牙
十一月至十二月。
亦列赤
正月一月。
阿里海牙
正月至二月。
秃滿迭兒

速速
六月至十二月。

	英宗皇帝	辛酉
		至治元年
		帖木迭兒
		拜住
正月至二月。 赫驢 三月至四月。 趙〔世榮〕〔六七〕三月至七月。		廉米只兒海牙 帖木兒脫 正月至十月。 塔失海牙 正月至八月。 只兒哈郎
		只兒哈郎
		張思明
		速速 薛〔處敬〕五月至十二月。〔六八〕

	壬戌	癸亥
	二年	三年
	帖木迭兒 正月至八月。 拜住 十一月至十二月。	拜住 正月至八月。
	拜住 正月至十月。	
七月至十二月。	廉米只兒海牙 正月至十一月。 欽察 五月至十二月。 只兒哈郎 正月至五月。 買驢 四月至十二月。	欽察 赤因帖木兒
	只兒哈郎 薛	只兒哈郎 正月至十月。 乃馬䚟
	張思明	速速 正月至八月。 善僧
	速速 薛〔處敬〕 正月至二月。 王居仁 閏五月至十二月。	馬剌 王居仁

	泰定皇帝	
		甲子 泰定元年
		旭邁傑
		倒剌沙 二月至十二月。
張珪 十月一月。		倒剌沙 正月一月。 烏伯都剌 正月一月。 欽察 正月至二月。 張珪 乃蠻䚟 二月至十二月。 禿滿迭兒 五月至十二月。
十月至十二月。		乃蠻䚟 正月一月。 善僧 二月至十二月。
九月至十二月。		善僧 正月一月。 潑皮 六月至十二月。
		馬剌 正月至四月。 王居仁 正月至二月。 楊庭玉 三月至十二月。 朶朶 五月至十二月。

乙丑	二年		旭邁傑 正月至八月。 塔失帖木兒 十二月一月。	倒剌沙	禿滿迭兒 烏伯都剌 乃蠻䚟 張珪 正月至二月。 善僧 五月至十二月。	善僧 正月至二月。 潑皮 三月至十二月。	潑皮 正月至二月。 許師敬 四月至十二月。	朵朵 楊庭玉 正月至四月。 馮不花 五月至十二月。
丙寅	三年		塔失帖木兒	倒剌沙	禿滿迭兒 乃蠻䚟 正月至二月。 烏伯都剌 察乃 三月至十二月。	潑皮 正月至五月。 許師敬 十月至十二月。	許師敬 正月至十月。 朵朵 十一月至十二月。	朵朵 正月至十月。 史惟良 十一月至十二月。 馮不花

				善僧 正月至十月。 伯顏察兒 十二月一月。			
丁卯	四年		塔失帖木兒	倒剌沙	禿滿迭兒 察乃 烏伯都剌 伯顏察兒	許師敬 正月至十月。 趙世延 十月至十二月。	朵朵	馮不花 史惟良 正月至九月。 王士熙 十一月至十二月。
文宗皇帝							
戊辰	天曆元年		燕鐵木兒	別不花	塔失海牙 九月至十月。 速速	趙世延 回回 九月至十一月。	史惟良 九月至十一月。	張友諒 十月至十二月。 月魯帖木

	己巳
	二年
	燕鐵木兒
	別不花 帖木兒不花　正月至八月。
九月至十月。 闊闊台　九月至十二月。 明里董阿　九月至十二月。 欽察台　十月至十二月。 敬儼　十月至十二月。	闊闊台　正月至八月。 明里董阿　正月至四月。
月魯不花　十一月至十二月。	徹里帖木兒　正月至五月。 闊兒吉思
	月魯帖木兒　正月至八月。 趙世安
兒　十月至十一月。	趙世安　正月。 左吉　正月至五月。

敬儼 正月。

王毅 正月至八月。

哈八兒禿 五月至八月。

徹里帖木兒 五月至八月。

阿兒思蘭海牙 九月至十二月。

朵兒只 十一月。

四月至八月。

朵兒只 八月至十一月。

撒迪

十月至十二月。

王結 正月至八月。

阿榮 八月至十二月。

	庚午
	至順元年
	燕鐵木兒
	伯顏 二月。
趙世延 十一月。 欽察台	欽察台 阿兒思蘭 海牙 三月。 趙世延 正月至閏七月。 阿里海牙 朵兒只 正月至二月。 亦列赤
撒迪〔六九〕	
史惟良〔七〇〕	趙世安 二月。 張友諒
	蔡文淵 正月至五月。 和尚 正月至閏七月。 張友諒 五月至九月。 脫亦納 姚庸

辛未	二年		燕鐵木兒		欽察台 阿里海牙 亦列赤 伯撒里 禿兒哈帖木兒	撒迪		張友諒	脫亦納 正月。 姚庸 燕帖木兒 耿煥

校勘記

〔一〕〔廉希憲〕 從殿本補。按本書卷四世祖紀，廉希憲任中書右丞在中統元年八月己酉。

〔二〕〔張文謙〕 從殿本補。按本書卷四世祖紀，張文謙任中書左丞在中統元年四月戊戌。

〔三〕張〔啓元〕 考異云：「案世祖紀，是年六月以張啓元爲中書右丞，表逸其名。又據本紀，是年十月以右丞張啓元行中書省於平陽、太原等路，而表于三年、四年、至元元年、二年俱有張字，蓋元初行中書省，卽以省臣爲之，初未有內外之分。」按考異是，今從道光本補。下同。

〔四〕粘合〔南合〕 考異云：「案世祖紀，中統二年八月以宣撫使粘合南合爲中書右丞」，「表書於三年，又失書粘合之名。」按考異是，今從道光本補「南合」。下同。

〔五〕（王文統）據本書卷五世祖紀中統三年二月己酉條、卷二〇六王文統傳刪。按王文統已於中統三年被殺，此誤衍。本證已校。

〔六〕忽都察兒 考異云：「案世祖紀，至元三年十一月以忽都答兒即忽都察兒爲中書左丞相，表系之二年，又以左爲右。」

〔七〕耶律鑄 按本書卷一四六耶律楚材傳附耶律鑄傳、卷一五九宋子貞傳，耶律鑄至元二年以左丞相行省山東。本證云「表誤」，疑是。

〔八〕伯顏 按本書卷六世祖紀至元二年八月己卯條、卷一二七伯顏傳及元文類卷二四元明善伯顏碑、中庵集卷一五伯顏廟碑，皆作左丞相。本證云「當作左丞相」，是。

〔九〕（賽）〔寶〕合丁 據本書卷六世祖紀至元二年二月甲子條改。按此名本書多見。新編已校。

〔一〇〕王〔晉〕 考異云：「表逸其名。以世祖紀考之，蓋王晉也。」道光本與本書卷六世祖紀至元二年二月甲子條合，從補。

〔一一〕張〔文謙〕 考異云：「以本紀考之，蓋張文謙也。」道光本與本書卷六世祖紀至元三年二月丙寅條合，從補。

〔一二〕王 此處似仍指王晉。按本書卷六世祖紀，王晉至元二年六月己卯罷參政，三年三月己未被殺。新編删此「王」字，疑是。

〔一三〕張惠　本證云：「案紀，至元元年八月立諸路行中書省，以參知政事張惠等行省事；三年二月以參知政事張惠爲制國用副使；七年正月制國用副使張惠參知尚書省事。是元年至三年張惠以參知政事出爲行省，援趙璧、廉希憲、張啟元之例，表當列名。四年參知政事則是六月由左丞降之張文謙，非惠也。表於元年至三年不書張惠，四年至七年又誤文謙爲惠，誤矣。」

〔一四〕耶律鑄　本證云：「五年復拜左丞相，見本傳，七年罷，見紀。」疑此處誤列爲平章。

〔一五〕史天澤　本證云：「案紀，九月復爲樞密副使；六年正月同忽剌出董師襄陽，九月與忽剌出並平章政事，乃河南行省也。表五年不注月，六年猶書左丞相，不書平章，皆誤。」

〔一六〕趙〔璧〕　道光本與本書卷七世祖紀至元八年二月癸卯條、卷一五九趙璧傳合，從補。下同。又，按趙璧至元八年二月始由左丞遷右丞，表于七年卽列爲右丞，疑誤。

〔一七〕李〔堯咨〕　考異云：「以本紀考之，蓋李堯咨也。」道光本與本書卷七世祖紀至元七年正月丙午、九年正月甲子條合，從補。下同。

〔一八〕耶律鑄　按本書卷七世祖紀至元七年正月丙午條、卷一二六廉希憲傳，耶律鑄于七年罷。本證云「此誤衍」，疑是。

〔一九〕伯顏　本證云：「案本傳，七年遷同知樞密院事，此誤衍。」

〔二〇〕廉希憲　本證云：「案希憲於七年出省，此誤衍。」

〔二一〕哈伯　考異云：「案世祖紀，至元十年九月，以合伯爲平章政事，卽哈伯也。表繫之九年，似誤。」

〔二二〕張易　按本書卷七世祖紀，張易至元九年十月癸巳改任樞密副使。蒙史此下三年平章删張易名，疑是。

〔二三〕趙〔璧〕　本證云：「當列平章政事。」按本書卷七世祖紀至元九年十月癸巳條、卷一五九趙璧傳，璧至元十年至十二年爲平章，表此三年皆列右丞，疑誤。

〔二四〕張〔惠〕　考異云：「此左丞蓋張惠也。」道光本與本書卷八世祖紀至元十年三月癸酉條合，從補。下同。

〔二五〕張〔惠〕　按本書卷八世祖紀，張惠至元十年三月癸酉由左丞遷右丞，此處及次年誤列左丞。考異已校。

〔二六〕耶律鑄　按本書卷一二世祖紀至元二十年十月庚子條、卷一四六耶律楚材傳附耶律鑄傳，皆作二十年罷相。本證云「此誤衍」，是。

〔二七〕扎珊　按本書卷一二世祖紀至元二十年十月甲午條有「以平章政事札散爲樞密副使」，本證云「此誤衍」，疑是。

〔二八〕史〔樞〕　考異云：「以本紀考之，蓋史樞也。」道光本與本書卷一三世祖紀至元二十一年十一月辛丑條、卷二〇五盧世榮傳合，從補。

〔二九〕廉〔不魯迷失海牙〕　考異云：「表失其名。考世紀，二十一年十一月以不魯迷失海牙、撒的迷失並參知政事，則不魯迷失海牙必廉氏也。」從補。下同。

〔三〇〕楊〔居寬〕　考異云：「參知政事楊、郭，表失書二人名。以本紀考之，蓋楊居寬、郭祐也。」道光本與本書卷一四世祖紀至元二十三年七月壬午條、卷二〇五桑哥傳合，從補。下同。

〔三一〕郭〔佑〕　道光本與本書卷一三世祖紀至元二十二年五月甲戌條、卷二〇五桑哥傳合，從補。參見前條校勘記。

〔三二〕伯答兒　考異云：「案世祖紀，二十六年二月以伯答兒爲中書平章政事。表先書一年。」

〔三三〕崔〔彧〕　本證云：「此卽崔彧。」道光本與本書卷一七三崔彧傳合，從補。下同。

〔三四〕何〔榮祖〕　考異云：「以本紀考之，蓋何榮祖也。」道光本與本書卷一五世祖紀至元二十五年十一月丁亥、二十六年五月丙申條合，從補。下同。

〔三五〕杜〔思敬〕　本證云：「案名思敬。」道光本與本書卷一五一杜豐傳合，從補。下同。

〔三六〕張〔九思〕　考異云：「卽張九思。」道光本與本書卷一七世祖紀至元三十年十二月壬辰條合，從補。下同。

〔三七〕何〔瑋〕　考異云：「以本紀考之，蓋何瑋也。」道光本與本書卷一八成宗紀至元三十一年十一月甲子條、卷一五〇何瑋傳合，從補。下同。

〔三八〕楊〔炎龍〕　考異云：「以本紀考之，蓋楊炎龍也。」道光本與本書卷一八成宗紀元貞元年正月癸亥、卷一九大德二年二月丙子條合，從補。下同。

〔三九〕呂〔天麟〕　考異云：「卽呂天麟也。」今據本書卷一八成宗紀元貞元年二月癸卯條補。下同。

〔四〇〕張〔斯立〕　考異云：「案成宗紀，是年正月以張斯立爲中書參知政事，卽其人也。」道光本與本書卷一九成宗紀大德元年正月辛卯條合，從補。下同。按本表大德三至六年參知政事欄有張斯立。

〔四一〕正月至三月　殿本「三月」作「二月」。按本書卷一九成宗紀，梁德珪梁暗都剌大德二年二月丙子爲平章政事。

〔四二〕董〔士珍〕　考異云：「董士珍也。」道光本與本書卷二一成宗紀大德七年二月辛未條合，從補。下同。

〔四三〕趙〔仁榮〕　考異云：「趙仁榮也。」道光本與本書卷二一成宗紀大德八年正月丙寅條合，從補。下同。

〔四四〕張〔祐〕　考異云：「張祐也。」道光本與本書卷二一成宗紀大德八年九月庚午條合，從補。下同。

〔四五〕杜〔思敬〕　考異云：「杜思敬也。」道光本與本書卷二一成宗紀大德十年閏正月甲午條合，從補。下同。

〔四六〕又八月至十二月　本證云：「案紀，阿忽台於（二）〔三〕月伏誅，安得八月復相乎！此誤。」

〔四七〕王〔壽〕　考異云：「王壽也。紀作左丞。」道光本與本書卷二二武宗紀大德十一年七月辛巳、八月丁巳條合，從補。

〔四八〕劉〔正〕　考異云：「劉正也。是年五月除左丞，九月改右。」道光本與本書卷二二武宗紀大德十一年九月丁丑條、卷一七六本傳合，從補。下同。

〔四九〕郝〔天挺〕　本證云：「案紀，名天挺，七月以江浙行省左丞爲左丞。表于至大元年、二年俱列左丞，是年列于右丞，誤也。」道光本與本書卷二二武宗紀大德十一年七月辛巳、九月丁丑條合，從補。下同。

〔五〇〕劉　考異云：「劉源也。紀作前年閏正月。」

〔五一〕劉〔楫〕　本證云：「案紀，二年八月中書左丞劉楫改尚書左丞、商議尚書省事，當卽此人。」今據本書卷二三武宗紀至大二年八月癸酉條補。

〔五二〕何〔瑋〕　本證云：「案名瑋。」今據本書卷一五〇本傳補。

〔五三〕郝〔彬〕　本證云：「案名彬，見本傳。」今據本書卷一七〇郝彬傳及本表至大二、三年參知政事欄補。

〔五四〕于〔璋〕　本證云：「案名璋，見表大德十一年。」道光本與本書卷二二武宗紀大德十一年九月丁丑條及本表大德十一年參知政事欄合，從補。

〔五五〕（哈）〔搭〕失海牙　據本書卷二二武宗紀大德十一年七月丙子條及本表大德十一年、至大元年平章政事欄改。蒙史已校。

〔五六〕阿散三月至十月　本證云：「案紀，十月以遼陽行尙書省平章政事爲左丞〔相〕、行中書省平章政事，注『三月至』三字誤衍。」

〔五七〕賈〔鈞〕　考異云：「紀作賈鈞。」道光本與本書卷二三武宗紀至大三年二月乙丑條及卷一五三本傳合，從補。下同。

〔五八〕李〔士英〕　考異云：「李士英也。」道光本與本書卷二四仁宗紀至大四年三月辛卯條合，從補。下同。

〔五九〕薛〔居敬〕　考異云：「薛居敬也。」今據本書卷二四仁宗紀皇慶二年八月庚午條補。

〔六〇〕曹〔從革〕　考異云：「曹從革也。」今據本書卷二〇五鐵木迭兒傳補。

〔六一〕郭〔貫〕　考異云：「郭貫也。」道光本與本書卷二五仁宗紀延祐二年十月庚辰、三年五月庚申條合，從補。

〔六二〕阿卜海牙六月至八月　本證云：「案紀，五月爲右丞，注『六月至八月』當作『正月至五月』。」

〔六三〕（王毅）〔郭貫〕　考異云：「案仁宗紀，是年五月陞參政郭貫爲左丞，九月以左丞郭貫爲集賢大學士，集賢大學士王毅爲中書左丞。然則表所云六月至八月者當是郭貫，十月至十二月者當是王毅。」按考異是，今改。

〔六四〕王〔毅〕　道光本與本書卷二五仁宗紀延祐三年九月辛丑條合，從補。參見前條校勘記。

〔六五〕張〔思明〕　考異云：「張思明也。」道光本與本書卷二六仁宗紀延祐四年五月己丑條、卷一七七本傳合，從補。

〔六六〕王〔桂〕　考異云：「王桂也。」道光本與本書卷二六仁宗紀延祐四年六月壬子、十月壬寅條合，從補。下同。

〔六七〕趙〔世榮〕　本證云：「案紀，名世榮。」道光本與本書卷二七英宗紀延祐七年二月丙寅條合，從補。

〔六八〕薛〔處敬〕五月至十二月　考異云：「薛處敬也。」道光本與本書卷二七英宗紀延祐七年十二月己巳、卷二八至治二年二月癸卯條合，從補。下同。又，注文北監本作「正月至十二月」。按本書卷二七英宗紀，薛處敬延祐七年十二月己巳任參政，「五月」當是「正月」之誤。

〔六九〕撒迪　考異云：「案撒迪、史惟良二人，俱當列於至順元年，刊本誤移於前。」

〔七〇〕史惟良　見前條校勘記。

元史卷一百一十三

表第六下

宰相年表二

順帝	中書令	右丞相	左丞相	平章政事	右丞	左丞	參知政事
癸酉 元統元年		燕鐵木兒 伯顏	撒敦	欽察歹 脫別歹(一) 阿里海牙 撒迪 阿昔兒 闊兒吉思	闊兒吉思 孛羅	史惟良 王結	忽都海牙 高履亨

甲戌	二年		伯顏	撒敦	脫別歹 阿里海牙正月除河南丞相。 撒迪 阿息兒 闊兒吉思	孛羅	王結	忽都海牙 許有壬十月由侍御史除。
乙亥	至元元年		伯顏七月初二日命獨相。	撒敦 唐其勢六月伏誅。	脫別歹 定住九月初七日由樞密知院除爲頭平章。 阿昔兒 闊兒吉思七月遷知院。	孛羅七月升平章。 鞏卜班十月。	王結 耿煥十一月。	普化四月由南臺中丞除。 納麟七月由南臺中丞除。 許有壬

	丙子
	二年
	伯顏
撒迪 七月初一日由中丞除第二平章，十月爲御史大夫。 徹里帖木兒 孛羅 七月初四日替闊里吉思。 阿吉剌 十一月由知院除。 搭失海牙	定住 搭失海牙 帖木兒不花
	鞏卜班
	王懋德
	納麟 許有壬

				孛羅 阿吉剌			
丁丑 三年		伯顏		定住 二月卒于位。 塔失海牙 孛羅 阿吉剌	鞏卜班	王懋德	納麟 許有壬
戊寅 四年		伯顏		探馬赤 哈八兒禿 孛羅 阿吉剌 只兒瓦歹	鞏卜班	王懋德	納麟 傅巖起
己卯 五年		伯顏		哈八兒禿	鞏卜班		納麟

		庚辰	辛巳
		六年	至正元年
		伯顏 二月黜為河南左丞相。 馬札兒台 三月拜，十月罷。 脫脫 十月。	脫脫
		鐵木兒不花 十月。	鐵木兒不花
	孛羅 阿吉剌 三月出為遼陽平章。 只兒瓦歹 後罷為承旨。	孛羅 沙剌班 汪家奴 四月由樞密同知為平章，十月除樞密知院。	別兒怯不花 十二月除江浙左丞相。
	三月出為甘肅平章。	鐵木兒塔識	鐵木兒塔識 四月升平章。
		傅巖起	許有壬
	傅巖起	納麟 四月除樞密同知。 阿魯 傅巖起 二月升左丞。 許有壬	阿魯 四月升右丞。

				脫歡 也先帖木兒 鐵木兒塔識	阿魯		定住 許有壬 四月升左丞。 吳忽都不花
壬午	二年		脫脫	也先帖木兒 鐵木兒塔識 也滅怯歹 三月由知院除第四平章。	太平 六月。	許有壬	定住 吳忽都不花
癸未	三年		脫脫	別兒怯不花 十二月。	也先帖木兒 鐵木兒塔識 也滅怯歹 納麟 正月辭。	太平	許有壬 正月辭。	定住 吳忽都不花 伯顏 韓元善 十月由樞密僉院除。

甲申	四年		脫脫 五月辭位。 阿魯圖 五月。	別兒怯不花	鐵木兒塔識 三月。[二] 太平 納麟 三月由河南平章除。 伯顏 納哈赤	太平 二月升平章。 伯顏 二月至八月，升平章。 達識帖睦邇 九月。	吳忽都不花 姚庸 三月由集賢大學士除，九月爲承旨。 董守簡 九月由中丞除。	伯顏 二月升右丞。 搠思監 二月。 韓元善 趙德壽 正月由兵部尚書除。
乙酉	五年		阿魯圖	別兒怯不花	鐵木兒塔識 七月爲御史大夫。 納哈赤 後罷爲承旨。 太平 十月爲御史大夫。	達識帖睦邇 九月罷爲承旨。 搠思監	董守簡 後遷中丞。	搠思監 九月升右丞。 朵兒只班 前資正院使。 韓元善 十月除司農太卿。

					鞏卜班 七月。 納麟 伯顏			呂思誠 十月。
丙戌	六年		阿魯圖	別兒怯不花	鐵木兒塔識 鞏卜班 納麟 教化 帖木哥	朶兒只班 後除遼陽平章。	呂思誠	朶兒只班〔升右丞〕〔三〕 答兒麻 七月。 琑南班 呂思誠 四月升左丞。 魏中立
丁亥	七年		別兒怯不花	鐵木兒塔識	鐵木兒塔識	琑南班	呂思誠	琑南班

	戊子 八年
正月初九日。四月十八再命，五月罷。 朵兒只 十二月。	朵兒只
九月薨于位。 朵兒只 九月由大夫拜。 太平 十二月。	太平
四月升左丞相。 太平 六月至十二月。升左丞相。 教化 定住 帖木哥 朵朵 韓加訥 十二月除大夫。	教化 定住 後以疾辭。 韓加訥
後遷中丞。 定住 四月由承旨除。 脫歡 七月。 忽都不花 十月。	忽都不花 〔四〕
	吕思誠
二月升右丞。 道童 三月。 福壽 六月。 魏中立 孔思立 七月。	福壽 孔思立

					太不花 忽都不花			
己丑	九年		朵兒只 七月罷爲國王。 脫脫 閏七月復相。	太平 七月罷爲承旨。	柏顏 韓加訥 太不花 欽察台 忽都不花 定住	禿滿迭兒 閏七月除四川右丞。 搠思監	呂思誠 後遷中丞。 韓元善 四月。	撒馬篤 玉樞虎兒吐 華 閏七月。 秦從德
庚寅	十年		脫脫		柏顏 太不花 定住 搠思監 正月。	玉樞虎兒吐 華 正月。	韓元善	脫列 韓鏞

				普化			
辛卯 十一年		脫脫		太不花 定住 搠思監 普化 朶兒只班	玉樞虎兒吐 華	韓元善	脫列 韓鏞 松壽 分省濟寧。 烏古孫良楨 十二月。
壬辰 十二年		脫脫 二月總兵，八月出師，十一月還朝。		定住 搠思監 普化 忽都海牙 月魯不花 正月由宣政院使除。	玉樞虎兒吐 華 哈麻 八月添設。	韓元善 八月卒。 賈魯 二月添設。	帖里帖穆爾 十一月出爲江浙添設(右)〔左〕丞。〔五〕 烏古孫良楨 悟良哈台 三月添設。〔六〕 杜秉彝

								十月添設。
癸巳	十三年		脫脫		定住 搠思監 普化 忽都海牙 答失八都魯〔七〕	哈麻 正月代玉樞虎兒吐華爲正。 禿禿 悟良哈台 正月代哈麻，四月爲正。	烏古孫良楨 正月。	蠻子 正月由侍御除。 杜秉彝 正月代烏古孫良楨。
甲午	十四年		脫脫 九月總兵出征，十二月詔削官爵，淮(南)〔安〕安置。〔八〕	定住	定住 十二月升左丞相。 搠思監 普化 月(赤)〔闊〕察兒〔九〕	悟良哈台 桑哥失理 十二月由中政院使除添設。	烏古孫良楨 呂思誠 十二月由湖廣左丞召爲添設。	蠻子 臧卜 九月由將作院使除。 杜秉彝

	乙未
	十五年
	汪家奴 二月。 定住 十一月辭，以太保就第治病。
	定住 四月拜右丞相。 哈麻
九月由知院除。 哈麻 十二月。 鎖南班 十二月。	搠思監 正月出爲陝西平章，九月復入中書。 哈麻 四月升左丞相。 達識帖睦邇 八月除江浙左丞相。 紐的該 桑哥失理
	悟良哈台 正月除河南平章。 蠻子 九月除中政院使。 拜住 九月代蠻子。 斡欒 由樞密同知代拜住。 臧卜
	許有壬 九月爲集賢大學士。 呂思誠 烏古孫良楨 杜秉彝
	臧卜 實理門 李稷 成遵 月倫失不花 陳敬伯 分省彰德。

		丙申	丁酉
		十六年	十七年
		定住 正月辭不允，復命。	搠思監 五月。
		哈麻 二月黜罷。 搠思監 四月。	太平 五月。
	瑣南班 帖里帖木兒 黑厮 拜住	搠思監 二月除大夫。 帖里帖木兒 桑哥失里 悟良哈台 實理門〔一〇〕	帖里帖木兒 三月除大夫。 悟良哈台
		斡欒	別帖木兒 完者帖木兒 七月由中丞除。
		呂思誠 十月除大司農卿。 烏古孫良楨	烏古孫良楨 成遵 九月除中丞。
		別怯木兒 完者不花 答蘭 李稷 成遵	完者帖木兒 十一月除宣政同知。 俺普

戊戌	
十八年	
搠思監	
太平	
斡欒	斡欒　臧卜十一月分省太原。　老的沙　完不花　答蘭十一月。
八都麻失里	埜仙普化九月。　失列門分省濟寧。　八都麻失里
李獻	李獻十一月由中丞除。
燕只不花	七月。　卜顏帖木爾十一月。　哈剌那海十一月。　崔敬十一月。　陳敬伯十一月。　李稷　賈魯分省濟寧。〔二〕

	己亥
	十九年
定住 太不花	
紐的該	太平
完不花 老的沙 脫脫帖木兒 燕古思 也先不花 莊嘉 八都麻失里	斡欒 完不花
六月升平章。 完者帖木兒 塔失帖木兒	塔失帖木兒 不花
正月除翰林學士。 成遵 失你不花	成遵
禿魯 三月由治書除。 忙哥帖木兒 孛羅帖木兒 安童 普顏不花 十月由經略使除。〔三〕 馬某火者 十一月除崇福司使。 瑣住 崔敬	孛羅帖木兒 伯顏

	庚子
	二十年
	搠思監 三月。
	太平 二月罷爲太保。
帖里帖木兒 九月除陝西左丞相。 朶兒只班 莊嘉 也先不花 八都麻失里	老的沙 二月由大夫入中書，後復爲大夫。 斡欒 完不花 完者帖木兒 達識帖木兒 絆住馬
	不花 分省太原。
	陳敬伯
忙哥帖木兒 脫火赤 分省太原。 王時 二月由詳定使除。 趙中	也先不花 七十 王時 分省太原。 危素 丁好禮

	辛丑	壬寅
	二十一年	二十二年
		搠思監 三月。
失列門	斡欒 失列門 佛家奴 達識帖木兒 定住 九月出爲陝西平章。 答蘭 分省太原。	斡欒 擴廓帖木兒 失列門 愛不花
	也先不花	也先不花
	也先不花 陳敬伯	玉也速迭兒 七十 剌馬乞剌 分省太原。
	哈剌章 七十 達禮麻失里 袁渙 不顏 危素	達禮麻失里 伯顏帖木兒 哈剌那海 脫木兒

	癸卯
	二十三年
	搠思監
佛家奴 十二月爲大夫。 塔失帖木兒 絆住馬 孛羅帖木兒	愛不花 分省太原。 完不花 普化 絆住馬 咬住 完不花 孛羅帖木兒
	也先不花
	七十 袁渙
分省太原。 危素	伯顏帖木兒 札剌兒台 危素 馬良 七月。

甲辰	二十四年		搠思監 四月貶嶺北。 孛羅帖木兒 八月。	也速 孛羅帖木兒 七月。	瑣住 禿堅帖木兒 七月除大夫。 山僧 佛家奴 老的沙	不花帖木兒 脫脫木兒	帖木兒	八都哥 危素 五月除承旨。 王時 李士瞻 李國鳳
乙巳	二十五年		孛羅帖木兒 七月伏誅。 伯撒里 九月二十七。	擴廓帖木兒	山僧 老的沙 三月除右大夫。 擴廓帖木兒 禿堅帖木兒 失列門 沙藍答里	不花帖木兒 十月升平章。 孛羅 曲木 答兒麻失里 脫脫木兒	帖木兒 袁渙 八月除河南右丞。 王時 哈剌章 張晉	明安帖木兒 定住 八都兒 達識帖木兒 黎安道 帖林沙

十月升爲頭平章。

上都馬

帖古思不花

別帖木兒

三月除左大夫。

禿魯

脫脫

匡福

慶童

塔失帖木兒

洪寶寶

揑烈禿

不花帖木兒

					忽憐台 金那海			
丙午	二十六年		伯撒里	擴廓帖木兒 總兵河南。 沙藍答里 正月。	失列門 不花帖木兒 月魯帖木兒 七十 鑾子 札剌爾台	月魯帖木兒 帖林沙 七十 札剌爾台	袁瑍 李國鳳 八月升。	帖林沙 亦老溫 陳祖仁 董幼安 李國鳳 王朶羅歹
丁未	二十七年		完者帖木兒 五月至八月除知院。 也速 八月拜相，總兵分省山東。	帖里帖木兒 八月除爲添設。 擴廓帖木兒 總兵，十月罷爲河南王。 沙藍答里	札剌兒〔一三〕 七十 俺普 七月除大宗正札魯火赤。 臧家奴	帖林沙 陳敬伯 八月升平章。 定住	定住 八月升右丞。 董幼安 張守禮 劉益	哈海 完者帖木兒 朶兒只 孫景益 阿剌不花

九月分省大同，十一月薨。

月魯帖木兒
伯顏帖木兒
哈剌章　十一月爲頭平章，分省大同。
蠻子
完者帖木兒
不顏帖木兒
哈剌那海　分省河東。
陳敬伯
李克彝
火里赤
板築兒

孫景益　分省河東。

尹炳文
蓋元魯
董守訓　十月由嶺北參議升。
胡濬
普顏不花
陝思丁
鐵古思帖木兒　分省保定。
莊家
法都忽剌　供給山東。

	戊申
	二十八年
	也速
	失列門 慶童
丁好禮 帖林沙 忽林台 陳秉直 惕誠 貊高 闊保	哈剌章 臧家奴 月魯帖木兒 伯顏帖木兒 完者帖木兒 燕赤不花
	定住 火里忽答
	董幼安 張守禮 孫景益
	哈海 張裕 郭庸

魏賽因不花	李思齊	俺普	瑣住

校勘記

〔一〕脫別歹　按元憲台通紀，脫別歹于元統元年六月二十四日任御史大夫，本書卷三八順帝紀元統二年正月辛卯條有「以御史大夫脫別台爲中書平章政事」，疑此元統元年平章脫別歹爲衍誤之文。本證已誌表不符紀。

〔二〕三月　按本書卷四〇、四一順帝紀，鐵木兒塔識任平章在至正元年四月庚寅，改任御史大夫在至正五年七月丙午，卷一四〇鐵木兒塔識傳與紀相符。本表自至正元年至至正五年，平章政事皆有鐵木兒塔識，故此處不當有「三月」之文。又按本年平章政事有太平，本年右丞有太平「二月升平章」，疑此「三月」二字錯簡，實應書平章太平下。

〔三〕〔升右丞〕從殿本補。按本書卷四一順帝紀，朶兒只班於至正六年七月丙申升中書右丞。

〔四〕忽都不花　殿本注「十一月拜平章」。

〔五〕江浙添設（右）〔左〕丞　見卷四二校勘記〔一三〕。

〔六〕三月添設　疑「三月」上脫「閏」字。見卷九二校勘記〔一〕。

〔七〕答失八都魯　按本書卷四三順帝紀，答失八都魯于至正十三年正月丙戌任四川省右丞，十四年三月升任四川省平章政事，卷一四二答失八都魯傳所載亦大體相同，不見任中書平章事。蒙史宰相表作衍文删，疑是。

〔八〕淮（南）〔安〕安置　據本書卷四三順帝紀至正十四年十二月丁酉條、卷一三八脫脫傳改。蒙史已校。

〔九〕月（赤）〔闊〕察兒　見卷四三校勘記〔八〕。

〔一〇〕實理門　按本書卷四四、四五順帝紀，實理門于至正十六年正月丙子以知樞密院事兼太府監卿，四月丁卯分院濟寧，十七年六月甲辰爲中書分省右丞，守濟寧，七月己丑濟寧被田豐攻占，實理門逃遁，不載任中書平章事。蒙史宰相表作衍文删，疑是。

〔一一〕分省濟寧　按賈魯死于至正十三年，此處當係衍誤。蒙史改「賈魯」爲「張晉」。

〔一二〕十月由經略使除　按本書卷四五順帝紀至正十八年九月壬寅條有「詔命中書參知政事普顏不花、治書侍御史李國鳳經略江南」，與卷一九六普顏不花傳相符，而與「十月由經略使除」文義相反。此處史文當有舛誤。蒙史改作「九月以本官經略江南」。

〔一三〕札剌兒　按上年有右丞「札剌爾台」、平章政事「札剌爾台」，蒙史據補「台」字，疑是。